生命智慧　蕴藉无穷

道德经全集

国学国艺必读丛书

册二

北京联合出版公司

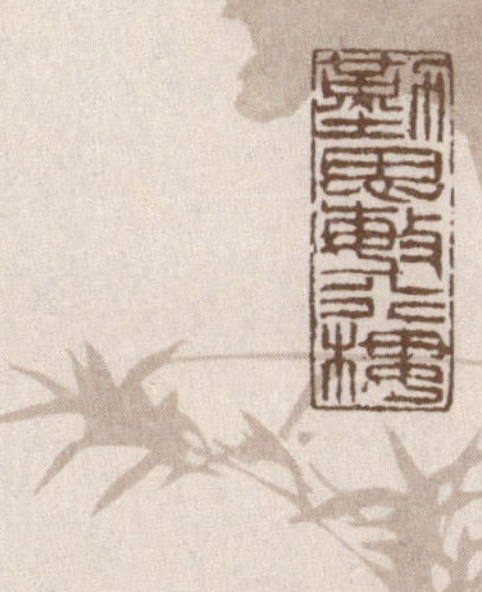

第二十三章

题解 本章紧承上一章的辩证主旨，阐述了无为而治的政治思想。老子反对繁琐严苛的政治，主张无为而治，『希言』最符合『道』顺其自然的本意。老子又以『飘风』『骤雨』比喻违反『道』的行为，认为不遵守『道』的原则行事注定会失败。最后，老子探讨了人生成败的原因，认为得道与失道是其中的关键因素。统治者遵从于『道』，顺其自然，清静无为，才能得道，反之，就不能取信于民，终将走向失败。

原文 **希言自然**①。○河上公《老子章句》：希言者，谓爱言也。爱言者，自然之道。○王弼《道德真经注》：听之不闻名曰希，下章言，道之出言，淡兮其无味也，视之不足见，听之不足闻，然则无味不足听之，言乃是自然之至言也。**故飘风不终朝，骤雨不终日**②。○宋徽宗《御解道德真经》：天地之造万物，风以散之，委众形之自化，而雨以润之。○明太祖《御注道德真经》：曰飘风不终朝，骤雨不终日，此设意以喻。**孰为此者？天地。天地尚不能久，而况于人乎？**○河上公《老子章句》：孰，谁也。谁为此飘风暴雨者乎？天地所为。不能终于朝暮也。天地至神合为飘风暴雨，尚不能使终朝至暮，何况人欲为暴卒乎。○王夫之《老子衍》：天地违其和，则能天，能地，而不能久。人违其和，则能得，能失，而不能同。**故从事于道者，道者同于道，德者同于德，失者同于失。**○河上公《老子章句》：从，为也。人为事当如道安静，不当如飘风骤雨也。道者，谓好道人也。同于道者，所谓与道同也。德者，谓好德之人也。同于德者，所谓与德同也。失，谓任己而失人也。同于失者，所谓与失同也。〇王夫之《老子衍》：凡道皆道，凡德皆德，凡失皆失。**同于道者，道亦乐得之；同于德者，德亦乐得之；同于失者，失亦乐得之③。**〇王弼《道德真经注》：言随行其所，故同而应之。〇王夫之《老子衍》：道德乐游于同，久亦奚渝？喜怒不至，何风雨之愆乎？〇『得天下』，是指通过施行仁政来『王天下』，而不是单靠武力来争夺天下。得天下之道，即是施行仁政。**信不足焉，有不信焉④。**〇王弼《道德真经注》：忠信不足于下，焉有不信也。〇王夫之《老子衍》：唯真知道，则一切皆信为自然。

注释 ①希言自然：简化政令才能合乎自然，才能使国家得以发展。希言，即稀言，此处指政令简少。②飘风不终朝，骤雨不终日：狂风和暴雨都是不会长久的。此处喻指严刑峻法的暴政是不能长久的。飘风、骤雨，比喻暴政。③失亦乐得之：失道之人只能遭受失败的命运。失，指失道、失德之人。④信不足焉，有不信焉：统治者不足以博得人民信任，人民是不会相信任他的。

译文 减少发号施令就是顺其自然。暴风刮不了一个早晨，骤雨下不了一整天。谁主宰着暴风骤雨呢？是天地。天地尚不能长久地维持暴风骤雨的状态，何况普通人呢？遵从『道』的原则的人，以『道』为法就符合于『道』，以『德』为法就符合于『德』，失道失德就将走向失败。符合『道』的人，『道』愿意帮助他；符合『德』的人，『德』也愿意帮助他；失道失德的人，只能承受失败的结局。不值得信任的东西，人民是不会相信的。

讀解心得

『希言自然』，是说少言或不言是遵循自然的，这句话并不是单纯在探讨言语多寡的问题，它更是在论述一种执政的方式—简化政令，遵循自然。

这是本章在阐述的主要观点，也正是《老子》一书都在探讨的问题—关于『无为』与『有为』的问题。

所谓『无为』，并不是什么都不做，只是静静等待，其实『无为』是一种理性的、积极的处世态度，『无为』就是要遵循自然规律，循序渐进地行事和淡然沉稳的态度。而『有为』却是『无为』的对立面，是从主观出发，不顾自然规律的作为，是一种功利性的、非理性的处世态度。人在社会中生存，既有物质性，又有主观意识，难免会具有『无为』与『有为』的双重标准，当然，人类社会能发展到如此地步，主要还是遵循自然规律行事的结果。

我们以此作为依据来看『希言』的问题。天地自然有自己的语言，就是疾风骤雨等自然现象，天地就是以这些自然现象来激烈地阐述其规律的，但是无论狂风还是骤雨，都是不能长久的，自然的常态还是『无为』的。

而人类社会也是如此，唯有『无为』才是常态，『有为』就像暴风骤雨一样是变态，

勾践夫人

当年吴国打败越国后，越王勾践和夫人被迫去吴国做俘虏。此图描绘的就是勾践夫人在途中的场景。

是会伤害社会基础的行为。

在我国历史上有很多的朝代兴起就是因为『无为』，具体就是政令简少，令百姓可以休养生息，国家经济也就发展起来了，这就是『希言』的好处。而很多朝代、国家灭亡，就是统治者因为不顾及社会发展的规律，恣意妄为，从主观出发的『有为』，只会带来经济衰退，百姓反抗。

所以要以『无为』的态度来处事，以『希言』的方式来行事，守大道则得道之自然，守本性就不会失去自己。

经典事例

吴越争霸

公元前496年，吴王阖闾听说越王允常逝世，就出兵讨伐越国。刚即位的越王勾践率兵来到阵前，他派敢死的勇士走到两军之间，勇士们站成三行，冲向吴军阵地，一起大喊着自刎身亡。吴国的将士们看得目瞪口呆，惊慌失措。越军趁此机会袭击了吴军，吴军大败，吴王阖闾在混战中也受了箭伤。阖庐在弥留之际对自己的儿子夫差说：『千万不要忘记越国的仇恨。』

夫差谨记父亲的遗训，发誓要报仇。他即位之后，就开始日夜操练兵马。同时，吴国的百姓也都想一雪国耻，整个吴国同仇敌忾，伐越的呼声越来越高。

勾践听说夫差正加紧操练士兵，想要报复越国，就打算先发制人，在吴国还未发兵以前去攻吴。大臣范蠡进谏说：『大王现在不宜出兵。为臣听说兵器就是凶器，发动战争就是背德，争先发起进攻是最下等的事情。如果这样做必然会遭到上天的反对，一点好处也没有。』越王固执己见，说：『我已经决定了，你就不要多说了。』于是率兵进攻吴国。吴王夫差得到消息后，发动全国的精锐部队迎战越军，在夫椒地区大败越军。越王勾践只聚拢起残兵败将五千人退守会稽。吴王趁势包围了会稽。

勾践见无路可走，准备拔剑自刎。这时大夫文种劝住了他，说：『吴国的大臣伯嚭贪财好色，我们可以派人去贿赂他，或许能保全性命。』勾践听从了他的建议，就让他带着美女西施和不少稀世珍宝来到吴国贿赂伯嚭，伯嚭见钱眼开，便答应带着西施和文种去见吴王夫差。

文种见了夫差之后，献上西施，说：『越王现在愿意投降，做您的奴仆伺候您，希望您能饶恕他。』伯嚭也在一旁替勾践求情。这时，吴国的老将伍子胥大声反对道：『不能饶过勾践！他为人深谋远虑，文种和范蠡这两个人精明强干，这次如果放了他们，他们回去之后一定会想办法复仇的！』可是夫差认为此时的越国已经不足为患，他又迷恋上了西施的美色，就没有听从伍子胥的劝告，而是答应了越国投降的请求，很快就把军队全部撤回了吴国。

吴国撤兵以后，勾践带着自己的妻子和大夫范蠡来到吴国，伺候夫差，为夫差放马牧羊，终于赢得了夫差的欢心和信任。三年之后，他们就被放回越国了。

回国以后，勾践开始发愤图强，准备复仇。他怕自己被舒适的生活消磨了报仇的意志，每天晚上都枕着兵器，躺在稻草堆上睡觉。他还在屋子里挂上一个苦胆，每天早上起来后都要尝尝苦胆。这就是『卧薪尝胆』的由来。勾践派文种管理国家政务，派范蠡执掌军事。他本人还经常亲自到田野里与农夫一起劳作，他的妻子也像普通百姓一样纺线织布。

勾践的这些举动使得越国上下无不感动。经过十余年的艰苦奋斗，越国国力终于得到了恢复，兵精粮足，由弱变强。

再说吴王夫差，自从战胜了越国以后，他就以为再也没有后顾之忧，从此便沉迷于西施的美色之中，过起了骄奢淫逸的生活。他开始狂妄自大，不顾吴国百姓的困苦，经常出兵与别的国家打仗。他还听信奸臣伯嚭的谗言，杀死了忠臣伍子胥。此时的吴国，表面上还很强大，实际上已经开始走下坡路了。

公元前482年，吴王夫差亲自率领大军北上，想要与晋国争夺盟主的位置。越王勾践看准机会，趁吴国精兵在外，国内空虚，突然发动袭击，一举击败了吴军，杀死了太子友。夫差得知这个消息后，连忙领兵回国，并马上派人向勾践讲和。勾践经过分析，认为自己一下子还灭不了吴国，就同意了夫差的请求。到了公元前473年，勾践第二次攻打吴国。这时的吴国已经衰败不堪，根本抵挡不住越军的进攻，屡战屡败。最后，夫差再次派人向勾践求和，大夫范蠡坚决主张灭掉吴国，以绝后患。夫差看到求和无望，才后悔当初没有听伍子胥的忠告，羞愧万分，就拔剑自刎了。

夫差放虎归山，又沉迷于骄奢淫逸的生活，而越王勾践发愤图强，吴国的失败早已注定。所谓『君子报仇，十年不晚』。

从吴越争霸的故事可以看出，统治者行事必须要符合『道』的规范。吴越两国反复多次的较量就表明，只有『同于道』、『同于德』，才能获得成功，否则，必将走向失败。

第二十四章

题解　本章中老子继续以辩证理论解释无为而治的政治思想。老子将自以为是者比作为了站得高而踮起脚的人和为了走得快而大跨步的人，他们想获得更好的结果，却因为急于求成而不能达到预计的期望。老子认为，自我彰显不是自然的天性，事物发展到极致就会向相反的方向转化。

原文　**企者不立①，跨者不行②；**○王弼《道德真经注》：物尚进则失安，故曰，企者不立。○宋徽宗《御解道德真经》：跂而欲立，跨而欲行，违性之常，而冀形之适，难矣。以德为循，则有足者皆至。**自见者不明，自是者不彰，自伐者无功，自矜者不长。**○宋徽宗《御解道德真经》：自见则智不足以周物，故不明。自是则仁不足以同众，故不彰。有其善，丧厥善，故无功。矜其能，丧厥功，故不长。○明太祖《御注道德真经》：其四自字之说，有何难见也？不过使人毋得张声势耳。**其在道也，曰余食赘行③。**○王弼《道德真经注》：其唯于道而论之，若却至之行，盛馔之余也。本虽美，更可薉也。虽有功而自伐之，故更为肬赘者也。**物或恶之，故有道者不处④。**○河上公《老子章句》：此人在位，动欲伤害，故物无有不畏恶之者。言有道之人不居其国也。○陈致虚《道德经转语偈》：群仙已笑露堂堂，跨者不行仔细详。一着错时看跌倒，赚人锦袋绣香囊。

注释　①企者不立：为了站得高一点而踮起脚来，反而站不稳。企，踮起脚来站立。

②跨者不行：大步走的人，反而走不快。跨，大步走。③余食赘行：吃太多造成累赘。④有道者不处：了解道的人是不会这样的。处，处世行事的方法。

譯文

为了站得高而踮起脚反而站不稳，为了走得快而跨大步反而走不快。自我显示的人反而不能彰明，自以为是的人反而不能明辨，自我夸耀的人反而不能立功，妄自尊大的人反而不能长久。这是由『道』来决定的，以上行为就叫做贪多麻烦多。人们都厌恶它，所以得道的圣人是不会这样做的。

讀解心得

在古代学者的注解中，余食赘行，通常被解释为『剩饭、赘瘤』，这种说法其实有待商榷。应该说，『余食赘行』很明显是一种行为。

所谓『余食』，应该是吃饱了还要继续吃的做法，或者是想要一次大量摄入食物而想要储备足此后漫漫长路所需的能量。而『赘行』，即为因『余食』而『赘行』，在『余食』之后加重了负担，反而给日后的行路增加了麻烦。

在老子的世界里，人类都是行在旅途中的远行者，任何在出发点就准备好存粮的行为都只是徒增负担，唯有超脱出来，不再依赖『余食』，才能在旅途中自足。在现代生活中不就是这样吗？很多人认为在学校所学的知识就足够了，殊不知，只有活到老，学到老，一直保持学习的状态，才不会被这个不断上升的社会淘汰。

『自见』、『自是』、『自伐』、『自矜』这些人类都会犯的毛病，正是『余食』的表现。『自见者不明；自是者不彰；自伐者无功；自矜者不长。』

司马迁

《史记》为我国第一部纪传体通史，记载从黄帝到汉武帝时代约三千年的历史。其作者为我国古代伟大的史学家和文学家司马迁。

学而不倦

只有活到老，学到老，不断地充实自己，才不会被不断发展的社会所淘汰。

所以，只有脚踏实地、不自以为是、不自夸其功，才能一步步向成功靠近。

經典事例

东野稷驾马车

《庄子·达生》中有一则东野稷驾马车的故事。

有一个人名叫东野稷，十分擅长驾驭马车。他凭借自己驾车的本领前去求见鲁庄公。鲁庄公见了他之后，就让他驾车表演。

东野稷驾驶着马车，前后左右，非常娴熟。他驾车的时候，无论前进还是后退，车轮留下的痕迹都像木匠打的墨线一样直；无论向左还是向右旋转，车辙都像木匠用圆规划出的圈那样圆。鲁庄公看了以后，大开眼界。他称赞道：『没想到你驾车的技术竟然如此高超。看来，再没有别人能比得上你了。』鲁庄公意犹未尽，又叫东野稷驾车转一百个圈子再返回原地。

鲁庄公手下一个名叫颜阖的人看到东野稷这样无所顾忌地驾车用马，就对鲁庄公说：『依我看，东野稷所驾的马车很快就会翻的。』

鲁庄公听了之后很不愉快。他没有理睬颜阖，心里只想着东野稷的驾车技巧。可是没过多久，东野稷的马终于累垮了，结果马失前蹄，瞬间人仰马翻。东野稷爬起来，见到鲁庄公很是难堪。

鲁庄公转过身问颜阖：『你怎么知道他的马车要翻呢？』颜阖答道：『马再好，力气也有个限度。刚才，我看到东野稷的那匹马已经精疲力尽，可是他还赶着马拼命地跑。像这样一味蛮干，马怎么能不累垮呢？』鲁庄公听后也无话可说。

由东野稷驾马车的故事，我们可以联想到，为政者对于广大人民的统治，也正如驾车一样：没有良好的手段，固然难以驾驭天下，国家这辆大车就不会跑得太快；可如果一味追求速度，而不顾及拉动这辆『马车』的决定性力量—人民的生活状态，结果就只能适得其反，最终导致国家颠覆的严重后果。『企者不立，跨者不行』，指的就是这一点。

第二十五章

题解 老子在这一章中阐述了他哲学思想的核心—『道』的概念。『道』是天地万物的起源，无声无形，先于天地产生，无论『道』是精神的还是物质的，老子都是世界思想史上较早地阐述天地万物起源的哲学家，这在生产力以及科学技术极度落后的两千多年前是非常难得的。

老子隐约发现了宇宙中存在一种无形的巨大力量，就将它称为『道』。『道』的思想的提出体现了中华民族的卓越智慧。『道』是无处不在和永恒运转的，是『域中』的最高法则，所以包括统治者在内的所有人都要效法『道』，人间的一切规律都源于天，上天的规律则源于『道』，效法『道』的含义就是顺其自然。顺其自然不等于向自然屈服，而是要按规律办事，按一定的『道』来改造自然，做到人与自然本身的和谐共生。

『人』作为『域中』四大之一，也无法摆脱『道』的约束，这也体现了老子无为而治的政治思想。

原文 **有物混成，先天地生。**○河上公《老子章句》：谓道无形，混沌而成万物，乃在天地之前。○王弼《道德真经注》：混然不可得而知，而万物由之以成，故曰混成也。不知其谁之子，故先天地生。**寂兮寥兮①，独立而不改②，周行而不殆③，可以为天下母。**○王夫之《老子衍》：钟士季曰：廓然无耦曰独立，古今常一曰不改，无所不在曰周行，所在皆通曰不殆。可以为者，天下推之而不歉也，非有心于天下。**吾不知其名，字之曰道，强为之名，曰大④。**〇明太祖《御注道德真经》：虽云强为之名，即太极之道也，故曰大。〇王夫之《老子衍》：不可名，故不知。**大曰逝⑤，逝曰远，远曰反⑥。**〇王夫之《老子衍》：形象有间，道无间。道不择有，亦不择无，与之俱往。往而不息于往，故为逝，为远，与之俱往矣。住而不悖其来，与之俱来，则逝远之即反也。**故道大，天大，地大，王亦大。**〇河上公《老子章句》：道大者，包罗天地，无所不容也。天大者，无所不盖也。地大者，无所不载也。王大者，无所不制也。〇王弼《道德真经注》：天地之性，人为贵，而王是人之主也。虽不职大亦复为大与三匹，故曰，王亦大也。**域中有四大，而王居其一焉。**〇唐玄宗《御注道德真经》：王者，人灵之主，万物系其兴亡，将欲申其鉴戒，故云而王居其一，欲警王令有所法，谓下文也。〇明太祖《御注道德真经》：谓天地同造化，王者法天地，执此道居两间，若比天地王，岂眇然一人而已？何居四大之中一大，盖其道理？**人法地，地法天，天法道，道法自然⑦。**〇陈致虚《道德经转语偈》：有物混成天下母，字之曰道安窠臼。干专坤翕证无为，智者乐兮仁者寿。〇王夫之《老子衍》：道既已如斯矣，法道者亦乘乘然而与之往来。而与之往来者，守常而天下自复，盖不忧其数而不给矣。『栽营魄，抱一而不离』，用此物也。近取之身，为良背而不为机目；远取之天地，为大制而不为刳，故可以为天下王。

周武王

周武王是周王朝的建立者。商朝末年，商纣暴虐无道，武王率领诸侯会师盟津伐商，后大战于牧野，败纣而代有天下，都镐京。

桐叶封虞

成王以桐叶与小弱弟，戏曰：「以封汝。」周公入贺，王曰：「戏也。」周公曰：「天子不可戏。」乃封小弱弟于唐。

注释

①寂兮寥兮：意思为既没有形体也没有声音。寂，无声的。寥，无形的。②独立而不改：「道」是绝对的、永存的。③周行而不殆：指循环往复不会停止。周行，循环运行。不殆，意为不停息。④大：形容「道」是囊括一切、高于一切的，是万物的母法。⑤大曰逝：曰，而。逝，运行不息。⑥反：同「返」，指「道」周而复始不停运转。⑦道法自然：「道」效法「自然」。自然，是事物本来面目。

譯文

有一种浑然一体的东西，在天地形成之前就产生了。它无声无形啊，独立存在而不消亡，循环往复而不停歇，可以称之为天地的本源。我不知道它的名字，勉强称其为「道」，再勉强加个「大」字。大就是运行不止，运行不止就是延伸悠远，延伸悠远就会回到初始状态。所以，道大，天大，地大，王也大。宇宙间有四大，王就是四大之一。人效法地，地效法天，天效法道，道效法自然。

讀解心得 在这一章里，老子详细解释了『道』，让我们来看看他是怎么解释『道』的：『有物混成，先天地生，寂兮寥兮，独立不改，周行而不殆，可以为天地母。吾不知其名，强字之曰「道」，强为之名曰「大」。』

也就是说，在老子的眼中，『道』是先于天地而生，并且高于一切的，是『周行不殆』的，是天地的母法，所以，老子称其为『大道』。

老子说『域中有四大』，都是哪四大呢？道大、天大、地大、王大，这四大又各有顺序：『人法地，地法天，天法「道」，「道」法自然。』

在此，老子提到了『自然』。『自然』是老子最先提出的，这个『自然』并不是我们现在所说的『自然科学』的『自然』，它是指一种最好的状态与方式。『自然』二字是应该分开来讲的：『自』，当自在讲；『然』，是就是这样的意思。

『自然』，就是事物的本来面目，它本来如此，没有为什么，也不为了什么，它无始无终，不生不灭，就是这世上万物的本然。在『自然』中，宇宙万物，包括天、地、人，都有生有灭，有始有终；在『自然』中，产生了时间、空间，产生了我们所能认知，所无法认知的一切。『自然』不需要效法谁，是『道』运行的表现，是『道』效法的对象。

在佛家著述中常会提到一个名词—『法尔如是』，它说明诸法的本来面目，就是这样。为什么会是这样呢？并不需要解释，诸法的本然如此。也没什么可解释，诸法本然如此。想来是古人翻译佛经时，怕与『自然』混淆，另创名词—『法尔如是』。

在老子的思想体系里，『道』是至高无上的，是宇宙万物的根本法则，那么为什么老子会提出『道法自然』的说法呢？

『自然』是万物的表象，与『道』互为表里。『道』就是万物必须遵循的规律，它蕴含在『自然』中，而『道』也是本来如此的，即也是本然。

所以，『道法自然』，就是『道』本来的样子。

『道法自然』并没有贬损『道』的高贵之处，『道』依然是至高无上的，是万物之母，而且，本来如此。

經典事例

周公辅成王

周武王伐纣之后，建立了周朝。但过了不久，武王就因病去世了。

武王死后，太子姬诵即位，就是周成王。但是，此时的周成王还未成年。当时殷商的顽固势力被灭国后，仍然有很大的力量；各国的诸侯也并未完全臣服；周朝内部也呈现出诸多矛盾。这些问题都不是一个小孩子所能解决的。

但是，如果不妥善解决好这些难题，周朝的统治就必然会发生危机。

正当群臣惶恐、朝中无主的关键时刻，武王的弟弟周公旦主动站了出来。他当仁不让地当上了摄政王，代替年幼的成王处理一切朝政，文武百官都由他统率。

周公旦本来就是位德高望重的老臣，又精通文史典坟，以才以德，都可担此重任。然而，看到周公当上摄政王，朝中的大臣们纷纷表示不满，首先是周公的兄弟们开始怀疑他了。于是流言四起，都说周公居心不良，想代替成王为王。一时间，各种怀疑、诽谤周公的言论，如毒箭般从四面八方射向了周公。

面对这些流言飞语，周公泰然处之，没有因此畏首畏尾，仍然一如既往地行使摄政王的权力，把国家治理得井井有条。

武王灭商之后，把商王朝直接统治的地方分为邶、鄘、卫三部分，邶由纣王之子武庚统领，鄘、卫分别由周公的弟弟管叔、蔡叔掌管，史称『三监』。武庚听说周人内部的矛盾后，开始蠢蠢欲动，图谋不轨。

周公的弟弟管叔和蔡叔，是两个心术不正的奸佞小人。周公做摄政王的时候，就是他们俩最先散布各种流言，此时，他们竟然与武庚勾结在一起，公开发动了叛乱。

面对这场突如其来的叛乱，周公丝毫没有手软。他当机立断，调集大军，由他亲自统帅，前往征讨。

经过一场艰苦的征战，叛乱终于被镇压了，武庚和管叔被杀，罪过较轻的蔡叔被流放。在周公的努力下，周王朝终于渡过了危机，周王室的大权又牢牢地掌握在周公的手中。不久以后，周公开始制礼作乐，定立典章制度，为国家的长治久安打下了良好的基础。

可是，叛乱平定之后，由于周公手中的权力进一步加大，朝中针对周公的流言更盛。

最初，成王也并不在意这些谣言，但后来，成王渐渐对周公也怀疑起来。过去，周公有事请示成王，成王总是不假思索地说：『就按您说的办吧！』可后来，周公再有事情问成王，成王常回答：『让我多问几个人再说吧。』

周公也日益明显地感觉出成王对自己的不信任态度。为了表明的心迹，周公作了一首诗，名叫《鸱鸮》，这首诗后来收入了《诗经》当中。周公在诗中一面表示了自己对周室、成王的忠诚，一面把那些散布流言的小人比喻成『鸱鸮』，对他们提出了『无毁我室』的警告。

周公把这首诗献给成王，成王读了以后，还是不肯相信周公。由于成王对周公仍然怀疑，这一年的秋天，终于引起了天变。

在庄稼成熟，即将收获的时候，突然刮起狂风，而且电闪雷鸣，田地里的庄稼全都被吹倒，连粗壮的大树都被连根拔了起来，全国上下因此一片恐慌。

成王看到这种反常变化，以为是上天在发怒，而天怒是由于天下人事出现异常而引起的。那些散布流言的小人，借机对成王说：『天变分明是在警告大王您，要防止周公篡权，否则，怎么会这么厉害呢？』

成王听了这些谗言，觉得有道理。于是，成王就决定打开保存中央文书的金柜，希望从那里面找到对付周公篡权的办法。

在这些中央文书中，成王无意中发现了周公所作的《金滕》。他一看内容，原来是当初武王患病，生命垂危之时，周公请求代替武王生病，甚至死亡的文件。

成王这时才明白，周公对于周王室的忠诚是不容质疑的。他于是请来周公，诚恳地说：『叔父，您为了王室尽心竭力。我年少无知，听信了流言，以至于引起了天怒，请叔父原谅我的过错。』从此，成王变得更加成熟，再也不怀疑周公了。

周公摄政七年，周成王也已经长大成人了。在这七年里，成王在周公的教诲下，已经成为了一位贤明的君主。周公看到成王长大成人，便毫无留恋地将国家大权交还给成王，又安心地当起了臣子。

老子所说的『独立而不改，周行而不殆』，指的是『道』这一自然法则的特性。而将这种『道』放到社会人生当中，就要求人在处世的时候能够始终坚守于『道』。周公面对流言蜚语毫不畏惧，对手中的大权也毫不留恋，在纷乱的环境中矢志不渝地坚守着自己的原则，真可谓圣人！

主明臣直

长孙皇后劝说唐太宗说，有明君才有贤臣。魏徵能够刚正不阿，是因为唐太宗贤明的缘故。唐太宗可以算是为君者的榜样。

第二十六章

题解 在这一章中，老子以『轻』与『重』、『躁』与『静』的辩证关系来阐述『清静无为』的观点。韩非在《喻老》中以君主驾驭大臣的策略来解释这两对矛盾时说，把权术掌握在自己的手中就是『重』，反之就是『轻』；牢牢占据自己的位置就是『静』，反之就是『躁』。这与老子在第十二章中所说的『驰骋畋猎令人心发狂』的意思相吻合。老子主张无为而治，反对繁琐轻率的政令。老子所反对的是『轻』和『躁』，也就是轻举妄动。所以，老子

『戒骄戒躁』的告诫在今天看来仍有深刻的社会现实意义。

原文 **重为轻根①，静为躁君②。**〇韩非子《喻老》：制在己曰重，不离位曰静。重则能使轻，静则能使躁。〇王夫之《老子衍》：吕吉甫曰：迫而后动，感而后应，不得已而后起，则重矣；无为焉，则静矣。**是以圣人终日行不离辎重③。**〇河上公《老子章句》：辎，静也。圣人终日行道，不离其静与重也。〇王弼《道德真经注》：以重为本，故不离。**虽有荣观④，燕处超然⑤。**〇王弼《道德真经注》：不以经心也。〇唐玄宗《御注道德真经》：人君者，守重静，故虽有荣观，当须燕尔安处，超然不顾也。**奈何万乘⑥之主，而以身轻天下⑦？**〇王夫之《老子衍》：有根则有茎，有君则有臣。虽然，无宁守其本乎！一息之顷，众动相乘，而不能不有所止。道不滞于所止，而因所止以观，则道之游于虚，而常无间者见矣。惟不须臾忍，而轻以往，则应在一而违在万，恩在一隅而怨在三隅，倒授天下以柄，而反制其身。故夏亡于牧宫之造，周衰于征汉之舟。以仁援天下而天下溺，以义济天下而天下陷，天下之大，荡之俄顷，而况吾身之内仅有之和乎？**轻则失根，躁则失君。**〇韩非子《喻老》：无势之谓轻，离位之谓躁，是以生幽而死。主父之谓也。〇王弼《道德真经注》：轻不镇重也，失本为丧身也，失君为失君位也。

注释 ①重为轻根：沉稳的是轻率的根本。根，根本、基础。②静为躁君：宁静的主宰浮躁的。君，主宰。③辎重：沉重的车辆。④荣观：众目睽睽下的生活。⑤燕处超然：无论什么状况都超脱安然。⑥乘：兵车。⑦以身轻天下：用轻率浮躁的方式来治理天下。

譯文 重是轻的根基，静是动的主宰。所以圣人整天行走而不离开装载日常用品等物资的车辆。即使有奢华的生活，他也泰然处之。可为什么大国的君主，要以轻浮狂躁的举动来治国呢？轻浮就会失去根本，急躁就会失去主导。

讀解心得 在本章中，老子很明确地申明自己心中的为君之道。

『奈何万乘之主，而以身轻天下？轻则失根，躁则失君。』老子何以得出这样的结论呢？让我们先来看看《老子》这本书的写作背景。《老子》写于春秋时期，老子总结西周晚期社会动荡的原因，写出了这段话。

在西周晚期，从昭王到宣王的几百年里，曾发生过多次战乱，统治者轻率而急躁地发动战争，给国家和百姓带来了无穷的苦难。看到这些，老子指出，统治者不可以轻率急躁。

『兵者，国之大事，死生之地，存亡之道，不可不察也。』这是《孙子兵法》的开篇语，是东周兵家的至理明言。这句话表达了兵家们对战争的重视，而且，在《孙子兵法》里，也劝诫统治者要慎于用兵，不可轻率动用军队。

这种思想，与老子『轻则失根，躁则失君』的思想不谋而合。应该说，这种思想在整个动荡不安的东周都是很难得的。

在这里不得不解释一下『荣观』。很多学者将『荣』解释为『草木茂盛』，并进而将其解释为『众多』之意，这样解释也未尝不可。但也有另一种解释，『荣』在古时候有『飞檐』之意，大家都看得到『飞檐』，所以『荣观』就是众目睽睽的意思。在这里指统治者生活奢华，是众所周知的。

那么，『燕处超然』又是什么意思呢？在《左传·襄公二十九年》中有这样一段话：『夫子之在此也，犹燕之巢于幕上』，用燕筑巢于幕上，比喻处境危险。此处用『燕处超然』来比喻，对于各种情况都能超然处之。

老子在前面章节中曾强调过要轻装上路，而在这章里却说『君子终日行不离辎重』，这说明，在老子看来，『辎重』十分重要，不可舍弃。那么这重要的『辎重』在这里

曹僖氏妻

晋文公当年流亡途中经过曹国，曹国国君对其十分不恭，僖负羁的妻子劝说丈夫与晋文公结好，因此晋文公在讨伐曹国时对僖负羁家族网开一面。

畜牧封侯

百里奚，春秋时期虞国人（今山西平陆县），秦穆公时重要谋臣。晋献公灭虞时被俘，后被楚人捉去放牧。秦穆公胸怀大志，却苦于无贤才辅佐，于是派使者用五张羊皮赎回百里奚，而后重用百里奚，秦国大治。

喻指什么呢？就是人民和国家的利益。

这就是《老子》这本书所阐述的为君之道的基本观点：国君要以国家和人民的利益为重，发动战争和颁布政令不可轻率急躁。

这种思想的正确性，在后来的历史进程中，被无数次证明了。在唐代，唐太宗就是在『民为重，君为轻』的思想的指导下，治理国家，才有了『贞观之治』的几十年盛世。

經典事例

秦晋崤之战

鲁僖公三十二年冬，春秋五霸之一晋文公去世。晋文公的灵柩将要移到晋国的旧都曲沃去停放。没想到刚抬出国都绛城，棺柩里突然发出牛鸣一般的响声，卜筮官立即命令随行的大臣们下拜，并传出话来：『先君是在指示国家的用兵大事，西方将会有军队越过晋国国境，趁机攻打，必会大获全胜。』

当时的郑国是一个小国，国力很弱，所以，就请求秦国的军队来协助守卫北门。但是郑国国君去世之后，新国君由晋人所立，新国君对晋国自然十分亲近。

秦穆公因此愤愤不平，他准备趁晋文公去世的时机，灭掉郑国。秦穆公为了这事特意征求蹇叔的意见。蹇叔听了穆公的打算后说道：『出动大军去袭击远方的国家，我从没听说过这样的事。军队疲惫不堪，力量消耗殆尽，远方的国家早就有所防备，恐怕不会打胜仗吧？我们的部队将要行军千里，郑国必然会知道，兴师动众而无所得，将士们也必然产生怨恨之心。这样看来，出兵伐郑实在没什么好处！』

可是秦穆公没有听从蹇叔的劝告。他任命孟明视为大将，任命西乞术和白乞丙为副将，率领精兵三千，战车三百乘，前去灭郑。

大军从东门出发的时候，孟明视的父亲蹇叔哭着说：『我今天能够看着军队出征，却再也看不到他们回来啊！』秦国的重臣百里奚也哭着为大军送行。秦穆公得知情况后，不但不去反思自己的所为，还一个劲儿地埋怨他们年老糊涂。

秦军这三位统帅，也都不相信蹇叔和百里奚的预言。他们认为，挑选出的三千精兵，都是秦国最优秀的勇士。而秦兵向来以善战著称，更何况秦兵中的勇士呢？

秦军经过周朝都城北门的时候。兵车上左右两边的士兵都摘下战盔，下车致敬，接着，有三百辆兵车的士兵跳跃着登上了战车。当时，周王命王子虎和王孙满前去观看，二人回来后，王子虎对周王说：『秦国的军队果然骁勇强健，看来没有谁是他们的对手。』王孙满这时还是十多岁的小孩子，他看到秦军的情形，就对周王说：『秦军轻狂而没有礼数，必定会失败。轻狂就缺少谋略，没有礼数就纪律不严。秦军进入险境，缺少谋略而又纪律不严，怎么能不失败呢？』

因王孙满还是小孩子，所以周王、王子虎对他的话都不以为然。

秦军出发后不久，秦国要攻打郑国的消息就传到各地。当秦军经过滑国的时候，有一个名叫弦高的郑国商人正要到周都城去贩牛，在这里正好遇到了秦军。他听说秦军要袭击自己的国家，又看到秦军骁勇强悍，不免为家乡父老担扰起来。

焦虑之中，弦高心生一计，他带着十二头牛来到秦军队伍之前，假装说自己是受郑国国君的派遣，专门在这里来迎接秦国大军的。弦高还把自己的牛说成是国君的礼物，一齐送到了秦军大营。同时，他派人火速赶回郑国报信，让郑国提早做好防备。

孟明视见郑国派人犒赏秦军，以为郑国已有防范，只好放弃了袭击郑国的念头，而是挥师攻打滑国，轻而易举地就把滑国灭了。然后，秦军就带着从滑国掠夺来的大批财宝，班师回朝。

回国途中，秦军走到了晋国的崤山。晋国的大将原轸说：『秦穆公不听蹇叔的劝告，这是上天赐给我们的好机会，我们不能放弃，不能让敌人轻易通过。一旦放走了敌人，以后就会产生祸患。所以一定要拦截秦军！』大夫栾枝反对攻打秦军，他说：『秦国对我们晋国的先君有恩，如今我们恩将仇报，难道我们心中还有已故的国君吗？』原轸反驳道：『秦国不但不为我们的丧礼举哀，反而讨伐与我们同姓的郑国，这就是无礼之举，我们还谈什么报恩呢？再说，为了子孙后世考虑，消灭秦军，可说是为了故去的国君吧！』于是下达命令，立即调动军队准备在崤山袭击秦军。

崤山地势险恶，秦军到了这里，猛然间看到晋国一支队伍从后面追来，只好加紧向前进发。秦军行进到『上天梯』这个地方，由于道路狭窄，车马无法通行，只能一个人接着一个人向上攀爬，结果队伍全都困在险峻的羊肠小道上。

这时，秦军发现前面的山路已经被木石封住。晋军在上面居高临下，不断地往下放滚木礌石，把秦兵打得落花流水；后面，晋国的大军如铜墙铁壁一般，把秦军堵得根本没有退路可言。秦国的三千勇士，被困在绝地，死伤无数，没有一人逃脱。秦军的三位统帅也都做了俘虏，他们被押回了晋国，成为阶下囚。

中国古代军事史上著名的秦晋崤之战，就这样以秦国的失败而告终。

王孙满对秦军的评价，与老子『重为轻根，静为躁君』的看法有着密切联系。无论是为政还是行军，都不能失掉『重』与『静』这最根本的原则。秦军贸然出兵而惨败，对后人来说，确是个典型的反面例证。

第二十七章

题解 在本章中，老子举了几个形象的例子来阐述做事遵循『道』的重要性。『善行』、『善言』、『善数』、『善闭』和『善节』都是『道』在不同情况下的具体体现。老子所认为的无道或失道者都不属于拥有真正智慧的人，而是『虽智大迷』。在这里，『道』可以理解为正确和行之有效的方法，也可以理解为事物发展的规律，按照『道』来做事，就能事半功倍。另外，老子还提到了人尽其才和物尽其用的道理。对于人的心智来说，『道』的最高境界就是『袭明』。

原文 **善行无辙迹①，善言无瑕谪②；**〇河上公《老子章句》：善行道者求之于身，不下堂，不出门，故无辙迹。善言谓择言而出之，则无瑕疵谪过于天下。〇王夫之《老子衍》：善行不跖实，善言不执美。**善数③不用筹策④；**〇王弼《道德真经注》：因物之数不假形也。〇王夫之《老子衍》：筹策得小忘大。**善闭无关楗而不可开⑤，善结无绳约而不可解⑥。**〇河上公《老子章句》：善以道闭情欲、守精神者，不如门户有关楗可得开。善以道结事者，乃可结其心，不如绳索可得解也。〇王夫之《老子衍》：吕吉甫曰：我则不辟，孰能开之。**是以圣人常善救人，故无弃人；常善救物，故无弃物，是谓袭明⑦。**〇王弼《道德真经注》：圣人不立形名以检于物，不造进向以殊弃不肖，辅万物之自然而不为始，故曰无弃人也。不尚贤能，则民不争，不贵难得之货，则民不为盗，不见可欲，则民心不乱。常使民心无欲无惑，则无弃人矣。**故善人者，不善人之师；不善人者，善人之资。**〇唐玄宗《御注道德真经》：师，法也。资，取也。善人可师法，不善人可取役使也。〇宋徽宗《御解道德真经》：资以言其利，有不善也，然后知善之为利。**不贵其师，不爱其资，虽智大迷，是谓要妙**⑧。〇河上公《老子章句》：独无辅也。无所使也。虽自以为智。言此人乃大迷惑。能通此意，是谓知微妙要道也。〇王弼《道德真经注》：虽有其智，自任其智，不因物，于其道必失。故曰，虽智大迷。

注释 ①善行无辙迹：擅长走路的人，不会在地面上留下痕迹。迹，脚步或马蹄等在地上留下的痕迹。②瑕谪：瑕、谪，均为玉上的疵病，此处喻指人的过失。③数：计算。④筹策：是一种古时用来计算的竹制工具，功用与现在的算盘差不多。⑤关楗：

檀道济唱筹量沙

筹是古代记数、演算工具。檀道济率军北征北魏时，军资匮乏，为防止魏军趁势来攻，他以沙做粮，边让人称量，边高呼筹计数，魏将听后惧怕，不敢追击，檀军借此安全撤退。

子路

仲由，字子路，又字季路，鲁国卞人，孔子得意门生。性格爽直，为人勇武，忠于职守，以擅长『政事』著称。曾协助孔子『堕三都』，跟随孔子周游列国，是孔门七十二贤之一。

一种金属或木质的门闩，用来关锁门窗。⑥绳约：指绳索。约，就是绳、索的意思。⑦袭：保存、含藏的意思。⑧要妙：精要玄妙。

譯文 善于行进的不留痕迹，善于言谈的不留破绽，善于计数的不用算筹，善于关闭的不用门闩也使人难以打开，善于捆缚的不用绳索也使人难以挣脱。所以圣人善于用人，就没有被遗弃的人；圣人也善假于物，所以没有被遗弃的物。这就是聪明的极致。所以善人可以做不善人的老师，不善人可以做善人的借鉴。如果不尊重他的教导，不珍惜他的借鉴，即使聪明绝顶，也是最大的糊涂。这就是重要的深奥道理。

讀解心得 在本章中，老子阐述了很多看似平常的道理。『善行无辙迹，善言无瑕谪；善数不用筹策；善闭无关楗而不可开，善结无绳约而不可解。』其中行、言、数、闭、结都是我们日常生活中常会进行的动作，但是『行而无迹』、『言而无瑕』、『数不用筹』、『闭无关楗』、『结不用绳』这就不是人人可以做到了。

老子正是用这种很普遍的事物说明着一个并不普通的道理。他所讲的是『道』，是『袭明』，是『要妙』。

『无迹』是善行者的特征，『无瑕』是善言者的特征，『不用筹』是善算者的特征，『无关楗』是善闭者的特征，『不用绳』是善结者的特征。是否『无迹』，就是善行者与不善行者之间的区别，『无瑕』是善言者与不善言者之间的区别，是否『不用筹』

是善算者与不善算者之间的区别，是否『无关楗』是善闭者与不善闭者之间的区别，是否『不用绳』是善结者与不善结者之间的区别。

同理，所有的善人与不善人之间都有一定的区别，那是量的积累带来的质的飞跃。善人与不善人，又各有用处。『故善人者，不善人之师；不善人者，善人之资。』擅长某事的人可以教不擅长者学习，不擅长者的错误可以被擅长者拿来借鉴。

世上人各有其用，能够视各人的能力、本事进行教育分工的就是圣人，所以『圣人常善救人，故无弃人；常善救物，故无弃物』。

孔子有弟子三千，他根据各个弟子的特征进行教育，使他们都成才，也都在那个混乱的时代找到了自己的位置。子路少时十分鄙陋，还曾经陵暴孔子，人都说他不会成才，但孔子以礼仪教育他，使他『儒服委质』，后来还以政事闻名，成为孔门七十二贤之一。这正说明『圣人常善救人，故无弃人』。

圣人之所以『善救人』，正是因为他能看到不善人之所以不善的弱点在哪里，并因材施教，使不善人成为善人；或者看到某方面虽然不善，但其他方面却非常擅长的人，使他去到应该去的位置，这就是『袭明』。

当然，『袭明』也是要在了解『道』的基础上才能产生的态度和看法。『道』就是事物本来的规律，在事物本身的发展过程中时时体现着。

圣人就是在看到人本身的『道』之后，才会有『袭明』的作法，才会『善救人』。

而另一个方面，所有的成功者之所以成功，一定会有其成功的理由，这就是经验；所有的失败者之所以会失败，也一定有他的原因，这就是教训，从成功者那里学习经验，从失败者那里吸取教训，这就是老子所说的『要妙』。

经典事例

鸡鸣狗盗

战国时期，齐国的大夫孟尝君喜欢招纳门客，号称有宾客三千。他对各种各样的宾客来者不拒，有才能的就让他们尽其所能，没有才能的也会提供食宿。

有一次，孟尝君奉命出使秦国。秦昭王深知孟尝君的才能，便将他留下来，想让他做秦国的相国。孟尝君势单力孤，不敢得罪秦昭王，没办法，只好留下来。过了不久，大臣们劝秦昭王：『留下孟尝君对于秦国没什么好处，他出身贵族，在齐国又有封地、有家人，他怎么会真心实意为秦国做事呢？』秦昭王觉得有道理，但又觉得齐国有了这样一个人对秦国不利，就把孟尝君和他带来的门客软禁起来，只等找个机会杀掉。

秦昭王身边有个最受宠的妃子，只要她说一，昭王绝不说二。孟尝君便派人去求她相助。妃子很快就答应了，但条件是用齐国的一件天下无双的狐白裘作为报酬。这令孟尝君很为难，因为刚到秦国时，他就把这件狐白裘献给了秦昭王。就在孟尝君左右为难的时候，有一个门客说：『我可以把那件狐白裘找来！』说完就出去了。

原来，这个门客最擅长钻狗洞偷东西。他先摸清了情况，得知昭王非常喜爱那件狐白裘，舍不得穿，存放在宫中的贮藏室里。他便趁着夜色，躲过侍卫的眼睛，轻而易举地钻进了贮藏室，把那件狐白裘偷了出来。妃子得到狐白裘十分高兴，于是想方设法说服昭王放弃了杀孟尝君的计划，并准备过几天为他饯行，把他送回齐国。

孟尝君怕夜长梦多，就立即率领随从连夜离开。他们到达函谷关时，正是半夜。按照秦国的法律，每天鸡叫才开城门，可此时正是半夜，鸡又怎么能叫呢？正在大家一筹莫展的时候，只听见旁边几声『喔，喔，喔』的雄鸡啼叫，紧接着，关内外的雄鸡全都打鸣了。原来，孟尝君手下还有一个门客会学鸡叫，其他的鸡听到第一声啼叫就立即跟着叫起来。守关的士兵虽然觉得半夜鸡叫很奇怪，但也只好打开关门，放他们

秦宫狗盗

孟尝君入秦为相，被秦昭王扣留。他的一个食客装狗钻入秦宫偷出狐白裘献给昭王妾，她向昭王求情，释放了孟尝君。另一食客装鸡叫骗开城门，孟尝君得以逃回齐国。

出去。

天亮以后，秦昭王才得知孟尝君已经逃走，立刻派出人马去追。可追到函谷关，孟尝君已经出关多时了。

孟尝君正是靠着鸡鸣狗盗之士安全地回到了齐国。

后世很多人对于孟尝君收留这些『鸡鸣狗盗』之徒很不以为然，但在老子那里，任何人都有他自己的作用，所谓『善人者，不善人之师；不善人者，善人之资』说的就是这个道理。

第二十八章

【题解】本章开篇即提出『知其雄，守其雌』，与第二十二章的『圣人抱一为天下式』以及第四十二章的『万物负阴而抱阳』有异曲同工之妙，阐述了老子对阴阳的理解，并再次强调『道』的深刻内涵。人生在世，要理解『雄』的含义，但又要使自己处在『雌』的一方，这样做并非表示对『雄』的妥协退让，而是以『无为』来实现『无不为』，通过『守其雌』来达到『雄』的目的。

【原文】**知其雄，守其雌①，为天下溪②。为天下溪，常德不离，复归于婴儿③。**〇王弼《道德真经注》：雄，先之属；雌，后之属也。知为天下之先也，必后也，是以圣人后其身而身先也。溪不求物而物自归之，婴儿不用智而合自然之智。**知其白，守其黑，为天下式④。为天下式，常德不忒⑤，复归于无极⑥。**〇王弼《道德真经注》：式，模则也。忒，差也。不可穷也。〇唐玄宗《御注道德真经》：能守雌静，常德不离，德虽明白，当如暗昧，如此则为天下法式。常德应用，曾不差忒，德用不穷，故复归于无极。忒，差也。**知其荣，守其辱，为天下谷⑦。为天下谷，常德乃足，复归于朴⑧。**〇王夫之《老子衍》：或雌或雄，或白或黑，或荣或辱，各有对待，不能相通，则我道盖几于穷，而我之有知有守亦不一矣。知者归清，守者归浊，两术剖分，各归其肖，游环中者可知已。然致意于知矣，而收功于守，则何也？宾清而主浊，以物极之必反，反者之可长主也。故婴儿可壮，壮不可稚；无极可有，有不可无；朴可琢，琢不可朴。**朴散则为器⑨，圣人用之，则为官长⑩，故大制不割⑪。**〇王夫之《老子衍》：然圣人非于可不可斤斤以辨之。环中以游，如霖雨之灌蚁封，如原燎之灼积莽，无首无尾，至实至虚，制定而清浊各归其墟，赫然大制而已矣。虽然，不得已而求其用，则雌也，黑也，辱也，执其权以老天下之器也。

注释 ①知其雄，守其雌：深刻了解阳刚，却安于雌柔的地位。雄，刚劲、雄健。雌，柔静、谦卑。②溪：溪谷，此处喻指谦卑。③婴儿：喻指纯真质朴的状态。④式：古时的一种占卜工具。⑤忒：差错。⑥复归于无极：回归最终的『道』。⑦谷：川谷，喻指谦卑与包容。⑧朴：质朴、真朴。⑨朴散则为器：质朴的『大道』分割形成万物。器，指现实世界的万物。⑩官长：即君主。⑪大制不割：好的制度是完整的，不可分割的。在此章中指圣人的治理之道是从事物的各个方面出发的，符合浑全的『道』的。

译文 知道何为阳刚，却安于阴柔的位置，甘愿做天下的河沟。甘愿做天下的河沟，永恒的『德』就不会离他而去，使其回到婴儿一般的质朴中。知道何为明晰，却安于晦暗的位置，甘愿为天下占卜吉凶。甘愿为天下占卜吉凶，永恒的『德』就不会有差错，使其回归于最终的大道。知道何为尊贵，却安于卑微的位置，甘愿做天下的峡谷。甘愿做天下的峡谷，永恒的『德』就会得到满足，使其返璞归真。淳朴的大道化为世间万物，被有道的圣人所采用，成为天下的管理者，所以符合大道的制度是完整的。

讀解心得 在本章中，老子依然在阐述『无为』的作用。知雄强而能守雌柔，则『德』永远不会离开，回归婴儿般的质朴。明了白而退守黑，则德行永远没有差错，就能回归大道。了解尊贵而安于卑微，则其人的『德』永远充盈，便能回归真朴。这正是『无为』带来的好处。

在前面的章节，我们曾经探讨过『德』在老子的思想体系中有『不得』之意。当然，『不得』绝不是抱残守缺，不思进取，而是以一种『不得』的态度来处事，从而『得』

明辨诈书

昭帝年幼登极，大将军霍光受遗诏辅政。盖长公主、左将军上官桀及桑弘羊等，教人假充做燕王的人，上本劾奏霍光。而昭帝能够明辨诈书，不为谗言所迷惑，始终相信霍光是一位忠臣，实乃贤明之君。

的行事方式。

唯其能以『无为』的方式行事，守雌柔、退守黑、安于卑微，才能得到永远的『德』，才能返归真正的质朴。

那么真朴又是什么呢？事物本来的质朴，就像一根原木一样是所有形器的根本。所谓『形器』就是各种事物，是真朴被分割后生成的。在质朴的大道被分割到各个事物中后，就再也不是原来浑全完整的样子了，但它还是会通过不同的事物，以不同的方式呈现出它的不同方面。

圣人遵从质朴的大道来治理天下，天下万物的各个方面都被他了解，因此他所制定的制度符合天下万物的大道，是完整的，而不是割裂来只对某些人、物有好处的。

而且从这句『朴散则为器』中，也看得到，在老子的眼中，『道』是世间万事万物所共有的，是质朴的，不需文饰，甚至不需争辩地支配着这个世界。

我们为人处世时如果以『无为』的态度，遵从『道』，便可『无不为』，获得『德』。

經典事例

苏武牧羊

汉武帝时期，大将卫青、霍去病曾屡次打败北方的匈奴，此后很多年没有打仗，但双方的关系时好时坏。

匈奴的单于多次派使者来向汉朝求和，汉朝也派使者到匈奴去访问，但是，有的汉使却被匈奴扣留了。汉朝也因此扣留了一些匈奴的使者。

公元前100年，汉武帝正准备出兵攻打匈奴，这时匈奴再次派使者来求和，还把过去扣押的汉朝使者都放了回来。汉武帝为了表示诚意，派中郎将苏武持着旌节，带着副手张胜和随从常惠，回访匈奴。

苏武到了匈奴之后，送回了扣留的匈奴使者，并送上礼物。苏武正等着单于写封回信让他回国，没想到就在这时，发生了意外。

原来，在苏武出使匈奴之前，有一个出生在汉朝名叫卫律的匈奴人，在奉命出使匈奴之后，投降了匈奴。匈奴的单于特别重用他，并封他为王。

卫律有一个叫做虞常的部下，对卫律颇为不满。他原来跟苏武的副手张胜是好朋友，于是暗地和张胜商量，想杀死卫律，并劫持单于的母亲，逃回汉朝去。

张胜对虞常表示同情，没想到他们的计划没有成功，反而被匈奴人发现了。单于大怒，命令卫律审问虞常，还要查出与他同谋的人来。

苏武原本不知道这件事。到了这个时候，张胜怕受牵连，才将此事告诉苏武。

苏武听了之后说：『既然事情已经到了这个地步，必然会牵连到我。如果让匈奴人审问之后再死，不是更给我们大汉朝丢脸吗？』说罢，拔出刀来就要自杀。张胜和常惠手疾眼快，夺下他手中的刀，把他给劝住了。

虞常受到种种刑罚，只好承认自己跟张胜是朋友，但宁死也不肯承认跟他同谋。

卫律向单于报告了此事。单于盛怒之下想杀死苏武，但被大臣们劝阻了。但是单于不肯罢休，又命卫律去逼迫苏武投降。

面对卫律的劝降，苏武毫不畏惧，义正词严地说：『我是大汉的使者，如果违背使命投降匈奴，就等于丧失了气节，我还有什么脸面活下去！』说罢拔出刀来向脖子上抹去。

卫律慌忙把他拦住，可苏武的脖子已被割伤，顿时人事不省。卫律立即叫人抢救，苏武这才慢慢地苏醒过来。

单于觉得苏武是非常有气节的臣子，对他十分钦佩。等他的伤痊愈了，单于又想威逼苏武投降。

单于命卫律审问虞常，并让苏武在一旁听着。卫律先是把虞常判成死罪，杀了；紧接着，又拔出剑来威胁张胜，张胜为人贪生怕死，于是就投降了。

卫律接着对苏武说：『你的副手犯了罪，你也应当连坐。』

苏武反问道：『我既没有与他同谋，和他又没有亲属关系，为什么要连坐？』

卫律又拔出利剑威胁苏武，没想到苏武不动声色，卫律没有办法，只好把剑放下来，劝道：『我当初也是不得已才投降的。单于待我很好，封我为王，还给我几万名的部下和无数的牛羊，我已享尽了富贵荣华。您如果答应投降匈奴，很快就会和我一样，何必要白白送掉性命呢？』

苏武听罢猛然站了起来，怒气冲冲地说：『卫律！你生在大汉，做了汉朝的臣下。可是你忘恩负义，背叛了父母、朝廷，厚颜无耻地投降了匈奴，做了汉奸，你还有什么脸跟我说话。我是不会投降的，你怎么逼我也没用！』

卫律碰了钉子，回去向单于禀告。单于就下令把苏武关进地窖，不给他吃喝，想采用长期折磨的办法，逼他就范。

当时正值入冬天气，天上下着鹅毛大雪。苏武在地窖中忍饥挨饿，渴了，就抓一把雪止渴；饿了，就扯了一些羊皮片、皮带之类啃着充饥。过了好几天，竟然没有饿死。

单于见折磨他也没有用，就派人把他送到北海（今贝加尔湖）边去牧羊，使他跟部下常惠隔离开，不准他们互通消息，还对苏武说：『只有等公羊生了小羊羔，才能放你回去。』公羊是不可能生出小羊的，单于的意思就是要长期监禁他。

苏武被送到了北海，身边什么人也没有，唯一与他朝夕相伴的就是那根代表大汉朝廷的旌节。匈奴不给他口粮，他就挖野鼠洞里的草根充饥；天气冷了，他就挤在羊群里御寒。

后来，匈奴的单于死了，匈奴内部发生了纷争，分裂成三个国家。新单于再没有实力跟汉朝作对，于是派使者来求和。这时，汉武帝已经死去，他的儿子昭帝继承了皇位。

汉昭帝派使者回访匈奴，要求单于放回苏武，匈奴单于谎称苏武已经死了。汉使信以为真，就没有再追究。

后来，汉朝再次派使者出使匈奴。此时常惠还在匈奴，他买通了匈奴人，暗中和汉使见面，并把苏武在北海放羊的事告诉了使者。使者见到单于之后，严厉地责备道：『既然匈奴真心想同汉朝和好，就不应该再欺骗汉朝。我们大汉天子在花园里射下一只大雁，雁腿上系着一条绸子，上面明明写着苏武还活在世上，您怎么说他已经死了呢？』

单于听了大吃一惊，他以为是苏武的忠义之举感动了飞鸟，连大雁也替他传递消息。于是他向汉使道歉说：『苏武确实还活着，我们放他回去就是了。』就这样，苏武终于又获得了自由。

当初苏武出使匈奴的时候，才四十岁。他在匈奴受了长达十九年的折磨，头发、胡须全白了。当他回到国都长安的那天，长安的百姓都出来迎接他。人们瞧见白头发、白胡须的苏武手里拿着已经成为光杆子的旌节，无不为他的气节所感动。

苏武能够在长期的艰苦环境下保持住作为汉使的气节，正可谓『常德不离』、『常德不忒』。他受到肉体和精神上的双重打击，却依然不忘自己的使命，这在老子哲学当中，不失为得道者的典范。

观器论道

孔子用水满则溢的道理告诉弟子们凡事要适度。

第二十九章

题解 在这一章中，老子隐晦地批判了施行暴政的后果，从反面论证『无为而治』的合理性。首先，老子指出强取天下是不可能获得最终成功的，因为强权和暴力是违反『道』的。其次，老子以辩证的观点解释『无为』的意义。急功近利者急于取得天下，最终只能适得其反。『圣人』从没掌握过天下，就谈不上失天下。这就是老子常说的『雄雌』、『盈亏』和『阴阳』的关系，在本章中，『行随』、『歔吹』、『强羸』和『载隳』说的也是这个道理。本章与上一章说的都是『返璞归真』。人的本性与大自然一样，是纯朴的。世间万物由『道』主宰，所以，『圣人』主张去除奢侈、极端和过分的行为，最终实现『反朴归真』。在处世方面，老子主张以退为进，在治国理念上，老子主张无为而治，这两者是『道』在不同领域内的反映。

【原文】**将欲取天下而为之，吾见其不得已①。**〇河上公《老子章句》：欲为天下主也。欲以有为治民。我见其不得天道人心已明矣，天道恶烦浊，人心恶多欲。〇王夫之《老子衍》：天下在我，吾何取？我在天下，吾何为，天下如我，吾何欲？我如天下，吾何执？**天下神器②，不可为也，为者败之，执者失之。**〇河上公《老子章句》：器，物也。人乃天下之神物也，神物好安静，不可以有为治。以有为治之，则败其质性。强执教之，则失其情实，生于诈伪也。〇王夫之《老子衍》：以我测天下，天下神。以天下遇我，天下不神。不神者使其神，而天下乱。神者使其不神，而我安。**故物或行或随；或嘘或吹③；或强或羸④；或载或隳⑤。**〇王弼《道德真经注》：凡此诸或，言物事逆顺反复，不施为执割也。〇明太祖《御注道德真经》：行随，行乃先，随乃后，先为不让，后为能弟。**是以圣人去甚⑥，去奢⑦，去泰⑧。**〇王弼《道德真经注》：圣人达自然之至，畅万物之情，故因而不为，顺而不施。除其所以迷，去其所以惑，故心不乱而物性自得之也。〇王夫之《老子衍》：故穷天下以八数，而去我之三死，则炎火焚林而可待其寒，巨浸滔天而可视其暵。水火失其威，金石丧其守，况有情之必穷而有气之必缩者哉？

【注释】①将欲取天下而为之，吾见其不得已：有人想强行取得天下并治理，我看是办不到的。取，治理的意思。为，指有所作为，治理天下成功。不得已，不能达到而已。②天下神器：天下这个神圣的东西。器，东西。③或嘘或吹：嘘，出气缓慢的意思。

吹，寒凉，或出气迅急的意思。④羸：瘦弱。⑤或载或隳：载，安然地坐在车上。隳，即堕、坠，与载相对，即坠下车去。⑥甚：极端的。⑦奢：奢侈的。⑧泰：即『太』，过度的、过分的。

譯文 有人想强行取得天下并治理，我看是办不到的。天下是神圣之物，不能用『有为』的方法治理，如果以这样的态度去治理天下注定会失败，用这样的态度去执掌天下注定会丢掉天下。世间万物，有走在前面的，就有跟在后面的；有风头正劲的，就有势力衰微的；有强大的，就有弱小的；有安稳的，就有危险的。所以圣人主张去除极端、奢侈、过分的行为。

讀解心得 老子在文中断言强取天下的人，都不会得逞，正是反证了自己顺其自然的中庸态度的正确性。在老子心中，世上一切强求之物，都不会得到，一切强求之事，都不会实现。何谓『强』，孟子曾说过，做事成功，要凭『天时、地利、人和』，三者缺一不可。三者都具备了，那么事情自然而然会像你想要的那个方向发展，天下也会自然而然地收入囊中；三者即使缺一，也是『强求』。

远观秦始皇，灭六国，第一次统一了中国，可谓天时地利俱得，可是久战征伐使他失了民心，这才是秦朝不过二世而亡的真正原因。吴三桂，本是明朝之臣，李自成入京，吴三桂奉命镇守山海关，却『冲冠一怒为红颜』，打开城门放清军入关，为大清朝打下半壁江山。清朝皇帝亦待其不薄，然而利欲的膨胀，却打起『复明』的旗号开始反清。其实，这个时候的百姓处在异族的统治之下，是很想恢复汉人天下的，因此，吴三桂当时有『人和』的条件，但是他忽略了『天时』与『地利』，最终只能走向失败。而自己本是一代枭雄，也被推入了万劫不复的深渊。通观之，所谓强弩之末，不能穿鲁缟，任何事情都不可强求，应保有顺其自然之心。

为了证明以上的道理，老子在这章继续论述了道家学说中朴素的相对论概念。现实的世界，就是像老子所说的：『或嘘或吹；或强或羸；或载或隳。』因此，老子希望人们去除自我心中的杂念，就像现在人所经常说道的一样，不要『太极端』、『太奢侈』、『太过分』。这说明，即便在道家中，中庸思想也是深植其中的。

『去甚』『去奢』『去泰』是正确的，因为『甚』『奢』『泰』都分别代表了不同的极端，极端的事物往往偏离正确的轨道很远，任其发展下去，就会走入歧途，似出轨的火车一样，驶出轨道，酿成巨祸。在这里，老子并没有危言耸听，很多事物都是因为极端的思想，或极端的作为而变得一发而不可收拾。面对现实生活中许多『甚』『奢』『泰』的现象，能够真正做到『去甚』『去奢』『去泰』，那么，你自己也会轻松很多。

在中庸思想上，儒家学说与老子不谋而合。传说孔子曾问礼老聃，也许，中庸这种不偏不倚的概念，正是孔子作为学生继承了老子的思想吧。无论怎么说，中庸作为文化心理现象已成为我们民族性格的组成部分，作为传统思维方式也一直影响着一代一代的中国人。

經典事例

众望所归

传说中，尧是上古时期著名的帝王。他手下有四大诸侯，分别负责管理东南西北四方，史称『四岳』：东岳羲仲，南岳羲叔，西岳和仲，北岳和叔。四岳分管四方，同时又是帝尧最重要的臣僚。凡是有了重大的决策，尧都要跟四岳一同商量。

后来，帝尧年事已高，需要找一个接班人。谁来继承帝位，一直是尧的一块心病。尧本来有个儿子，名叫丹朱，可是丹朱没什么才干。为了天下百姓着想，尧决定不传位给丹朱。于是，尧把四岳请来，征求他们的意见，请他们举荐最为合适的人选。四岳都不约而同地提到了舜。于是，他们共同向尧推荐舜作为继承人。为了证明舜的智慧才干和超人意志，尧命舜带领数百名武士来到大麓。

到了大麓，舜看到古树参天，丛林密布，豺狼虎豹啼啸之声不绝于耳。那些平日里勇猛无比的武士，见到虎狼乱窜，都吓得面色铁青；只有舜和平时一样，面不改色，毫不畏惧。突然天空中下起倾盆大雨，雷电交加，狂风呼啸，大麓中顿时昏天黑地，怪声大作。数百名武士都辨不出东南西北，找不到归路，乱作一团。唯独舜一点也不迷惑，他很快辨明方向，把武士们安全地带出了大麓。

经过了这次考验，众武士都称赞舜头脑清醒，意志坚定。人们见勇敢无比的武士都这样称赞舜，再也没有人怀疑舜的意志和智慧，尧也因此更加信任舜。他让舜管理人伦教化，不久，舜就使天下人都知道父义、母慈、子孝的人伦道理。尧还让舜处理外交事务，使得四方诸侯都愿意前来进贡，舜的美德随即传遍天下。尧又让舜与百官友好相处，舜不仅把每件事都办得非常好，还与百官相处得非常融洽。

舜在接受了种种考验之后，尧认为自己年事已高，便决定将自己的所有权力全部禅让给舜。四岳及各位大臣都拥护尧的决定，百姓听说后，一方面惋惜尧年事已高，不能再领导他们了；另一方面，也都庆幸又有一位圣君出现，将会造福万民。

尧选定了一个吉利的日子，举行了禅让仪式。当他宣布由舜继承君位时，臣民们立刻响起了雷鸣般的欢呼声。

舜接受禅让之后，就开始代替尧行使天子的权力。他并没有因为自己大权在握而胡作非为。像以前一样，他依然很尊敬四岳及百官，凡是有大事，他都要虚心听取大家的意见。他更加勤勉治国，关心百姓的疾苦。就这样，即位不到一年，舜就成为被百官、万民所真心拥护的君主。

据史书记载，当时天下有四大恶人，号称『四凶』：一位名叫共工，罪恶滔天，但却善于伪装，迷惑了天下百姓；一位叫驩兜，与共工是同伙，也是一个满口仁义，实际上却好行凶恶的暴徒；一位叫三苗，本是南方部落的一个诸侯，以欺压百姓而臭名昭著；一位叫鲧，本是颛顼帝的后代，却不服从尧舜的命令，在天下臣民中影响很坏。

舜对四凶一一给予了惩罚，『流共工于幽州，放驩兜于崇山，杀三苗于三危，殛鲧于羽山』，《尚书》、《孟子》对此都有记载。四凶被消灭以后，四海安宁，人们又过上了幸福生活。

就这样，舜兢兢业业地做了二十余年国君，为天下人民带来了巨大的福祉。

这时，尧由于年龄过高而去世了。人们思念尧的功绩，就像自己父母亲去世了一样地悲伤，全国上下一片悲痛之声。

舜为尧办完丧事之后，就主动退出了尧的宫殿，一个人来到黄河边，想把帝位留给尧的儿子丹朱。

可是，臣民们都跑到舜住的地方来，不停地唱歌颂扬舜的业绩，各国诸侯也都纷纷来向舜朝觐。谁都不把丹朱当做天子。于是，舜在万民的拥戴下，又做了天下的君主。

舜的所作所为虽然不同于老子的『无为』之道，但他以一个君主应当秉承的为君之道来治理天下，不必彰显自己的功绩，自然而然地会得到万民的拥戴，这对于『将欲取天下而为之』的君主来说，是一个值得效法的榜样。

第三十章

题解 在本章和下一章中，老子提出了他对战争的看法，开篇即点明主旨：『以道佐人主者，不以兵强天下。』春秋时期，各诸侯国为了争夺天下霸主的地位而互相征战，但是却没有一个诸侯可以永远占据霸主的位置。老子正是敏锐地看到了『穷兵黩武』与『身败名裂』之间的因果联系，才得出了『其事好还』这一精辟论断。战争性质虽有不同，但都以杀死对方为目的，这就使广大人民长期生活在战乱之中，导致农业经济遭到严重的破坏，所以老子说：『师之所处，荆棘生焉。大军之后，必有凶年』。

老子并不反对战争，而是反对『穷兵黩武』，他主张『知其雄』，这与『果而不得已』

隋炀帝

炀帝荒淫无道，修运河供自己享乐。大业八年、九年、十年，三次大举进攻高丽，战事耗费无数，给人民带来深重灾难，终于激起人民的反抗，导致隋朝的灭亡。

的意思相符，只有不得已时才能发动战争，平时则要『守其雌』。所以，以『道』来辅佐君主的人，是不会凭借武力称雄于天下的。

『道』的自然天性和人性都不赞成打仗，但政治又少不了战争，所以老子以中国传统的中庸之道试图解决这一矛盾。

原文 **以道佐人主者①，不以兵强天下。**〇王夫之《老子衍》：最下用兵以杀，其上用兵以生。夫以生生者且赘，而况杀生乎？人未尝不生，而我何劝？又况夫功之门为害之府也，人未尝不生，不能听其生；物未尝不杀，不能恃其杀。**其事好还②。**〇河上公《老子章句》：其举事好还自责，不怨于人也。〇王弼《道德真经注》：为始者务欲立功生事，而有道者务欲还反无为，故云，其事好还也。**师之所处③，荆棘生焉。大军之后，必有凶年。**〇河上公《老子章句》：农事废，田不修。天应之以恶气，即害五谷，尽伤人也。〇王弼《道德真经注》：言师凶害之物也。无有所济，必有所伤，贼害人民，残荒田亩，故曰荆棘生焉。**善者果而已④，不以取强。**〇宋徽宗《御解道德真经》：事求可，功求成，用力少，见功多者，圣人之道。以强胜人，是谓凶德，故师克在和不在众。〇明太祖《御注道德真经》：此专复喻君臣若遇卒急与可为，当疾便为之。**果而勿矜⑤，果而勿伐，果而勿骄，果而不得已，果而勿强。**〇王弼《道德真经注》：吾不以师道为尚，不得已而用，何矜骄之有也。言用兵虽趣功，果济难，然时故不得已当复用者，但当以除暴乱，不遂用果以为强也。

〇王夫之《老子衍》：虽在必用兵之时，祸发必克，犹当以五者居心。**物壮则老，是谓不道，不道早已**⑥。〇王夫之《老子衍》：须臾之不忍，而自命为果，不已诬乎？故善禁暴者，俟其消，不摧其息；善治情者，塞其息，不强其消；善贵生者，持其消息之间，不犯其消息之冲；虽有患，不至于早已。

注釋 ①以道佐人主者：以道佐，用『道』去辅佐。人主，君王。②其事好还：其事，指战争这件事。还，还报、报应。③师：指军队。④果：达到目的，指战胜。⑤果：以后几个『果』都指达到目的。⑥早已：早死。

譯文 遵循『道』的原则去辅佐君主的人，不凭借武力在天下逞强。穷兵黩武是必定遭报应的。军队所到之处，民生凋敝。战乱之后，必定是灾荒之年。善于用兵的人只求达到获胜的目的，不敢以武力逞强。达到目的不要妄自尊大，不要自我夸耀，不要骄傲自满，达到目的是出于不得已，达到目的不要逞强。事物强大到极点就会走向衰亡，这就是无道。无道就会灭亡得很早。

讀解心得 对于战争的认识，老子是独到的。他的一生，就是从戎马倥偬之中走过来的。周宣王继位后，老子就『服役』军中，南征北战。在东奔西走、鞍马劳顿的军旅生活中，度过了四十三年。当周宣王任命他为『历人』的时候，他才脱掉戎装，组织编修著作。

一将功成万骨枯，都结束于『有果而已』，即达到目的，就按兵休战。决不超过其目的一步。老子的战争学说，是中国传统思想的宝贵财产，无形中指导着、影响着我们对战争的态度。古时像成汤、盘庚、武丁、古公亶父等，一个个有为的君王，通过长期的磨炼、经验的交流传承而逐渐总结出中华民族安邦定国的经验。而这些经验（统治者自警、自律和统治者必须『保证、保障民得』）是中国特有的，这是中西历史文化上的巨大差异之一。

有一点应当注意，老子反战，但不惧战，不得已的时候，当战争强加到头上的时候，还是要应战的，只是不得已而已。历史上中华民族并不是一个缺乏刚性的民族，（这一点明显有别于抱有非暴力思想的印度人）几千年的文明史，特别是我国近现代反侵略、反屈辱的历史证明一个立国经验『人不犯我，我不犯人。人若犯我，我必犯人』。一个国家有没有这样的传统思想，是大不一样的。在古埃及文化、古罗马文化史上表现出来的是『力量』、『武力』、『王权』、『富有和掠夺』。结果世界上几大文明只有中华文明延续下来，其他文明古国早已泯灭在历史的硝烟当中。当今世界局势，战争烽烟此起彼伏。有的国家自恃强大，不惜『以兵强天下』。其后果呢？正如老子在本章末尾所说：『物壮则老，是谓不道，不道早已。』

『物壮则老』，是整个自然界的规律。生、老、病、死围绕着我们不停地循环。很少有什么放之四海而皆准的道理，而老子这句『物壮则老』，却道尽了天下众生生长、发育、死亡的规律。这个规律既是自然界动植物的规律，也是社会、人生、事物发展的哲学。我们寻求事物发展的过程，应尽量让其处于生长期，不断地吸收生命之源，使之不停地处在向上进步的状态。切记不要羡慕顶点的光辉，那光辉虽闪烁，却也可以将人拉入『老』的境况；今天的壮就意味着明天的老。那光耀的背后就是黑暗，就好像爬到最高的山顶，面临的很可能就是深不见底的悬崖，因此，只有不断地开放自我，极尽虚怀之道，广纳生命之源，便可以始终保持青春的活力。

經典事例

两败俱伤

战国时期，齐国有一个相貌平平但聪明过人、说话幽默的人，名叫淳于髡，他是齐威王、齐宣王时代的重臣。有一次，齐宣王准备攻打魏国，淳于髡知道后，就去求见齐宣王。他对齐宣王说：『大王，您听没听说过韩子卢和东郭逡的故事？』齐宣王摇了摇头。

于是淳于髡就接着讲起来：『韩子卢是天下最厉害的猎犬，没有任何狗能超过它，连骏马也赞叹它的速度；而东郭逡是世上最有名的狡兔，它钻树洞，越壕沟，灵活自如，猛虎捉不着，饿狼也吃不到。有一次，韩子卢遇到了东郭逡，于是，韩子卢就开始追赶东郭逡。一只在前面拼命地逃，一只在后面不停地追。韩子卢使出自己浑身的力气，东郭逡用上自己平生所有的本事。它们绕着山跑了三圈；它们翻山越岭，上下五次。折腾了大半天，它们两个都累得气喘吁吁。韩子卢一停下脚步，东郭逡也马上歇息；韩子卢看见东郭逡歇息，以为有机可乘，猛然一跃，可还是没抓着，东郭逡一闪身，马上逃走了。于是韩子卢又拼尽全力追赶起来。东郭逡向山坡上爬，韩子卢也跟着爬；东郭逡向坡下滚，韩子卢也跟着滚；东郭逡环山又跑了半圈，倒在了前面，韩子卢筋疲力尽，瘫在了后面。结果，它们两个耗尽了全部体力，动弹不得，双双倒在山脚下死了。这时，有个农夫刚好经过，于是不费吹灰之力就把它们两个带回家煮了吃掉。』

齐宣王听了这个故事，觉得很有意思，但怎么也想不明白这跟他要去攻打魏国有什么关系。淳于髡接着说：『大王，现在您发兵去攻打魏国，在短期内不可能打赢。时间拖久了，双方都会民穷财尽，从而两败俱伤，不但老百姓要受苦，国家的兵力也会受到严重损伤，万一秦国和楚国借机来袭击我们，那不等于是白送给他们机会一并灭掉齐国和魏国吗？这跟韩子卢和东郭逡的结局不是一样的吗？』

齐宣王听了他的话，经过仔细思考，觉得很有道理，于是取消了攻打魏国的计划。淳于髡所讲的故事反映了战国时代的社会现实。当时七雄并起，除了宋、中山这样的小国夹在大国之间苟延残喘外，其他各国实力都不相上下。两国交战，短时间内难分胜负，势必会延长战争的时间，这样一来，必然会导致两败俱伤的结果。老子所说的『师之所处，荆棘生焉。大军之后，必有凶年』就是对战争的恶劣影响的一种反映，这也正是历代仁人志士反对战争的一个重要原因。

第三十一章

题解 老子虽然不反对战争，但他也并非推崇战争，即使是不得已而开战，他也持『不处』的态度。老子认为一切战争都不是什么吉利的东西，因为它会衍生出仇恨、暴力和恐怖，所以胜利了也没必要兴高采烈地庆祝，如果沾沾自喜就相当于以杀人为乐，这样的无道之人是不会得到天下的支持的。这里反映出老子思想中人道的一面。自古以来，战争都是一个不可回避的政治问题，老子也承认这一点，所以对于不得已的战争，他主张『恬淡为上』，淡然处之。接着，老子以礼仪为例阐述自己对战争的看法。春秋时期，吉礼以左为上，凶礼以右为上；战争时，地位较低的偏将军站在左侧，地位较高的上将军则站在右侧，说明人们把战争看做丧礼。

原文 **夫佳兵者①，不祥之器，物或恶之②，故有道者不处。**○河上公《老子章句》：佳，饰也。祥，善也。兵者，惊精神，浊和气，不善人之器也，不当修饰之。兵动则有所害，故万物无有不恶之者。有道之人不处其国。**君子居则贵左，用兵则贵右③。**○河上公《老子章句》：贵柔弱也。贵刚强也，此言兵道与君子之道反，所贵者异也。○宋徽宗《御解道德真经》：左为阳而主生，右为阴而司杀，阳为德，阴为刑。**兵者不祥之器，非君子之器，不得已而用之，恬淡为上④，**○河上公《老子章句》：兵，革者。不善之器也。非君子所贵重之器也。谓遭衰逆乱祸，欲加万民，乃用之以自守。不贪土地，利人财宝。○明太祖《御注道德真经》：兵本是凶器，没奈何而用之，是以君子不得已而用之，纵使大胜，不过处以寻常。所以寻常者，即恬淡也。**胜而不美，而美之者，是乐杀人。夫乐杀人者，则不可以得志于天下矣。**○河上公《老子章句》：虽得胜而不以为利己也。美得胜者，是为喜乐杀人者也。为人君而乐杀人者，此不可使得志于天下矣，为人主必专制人命，妄行刑诛。○明太祖《御注道德真经》：是谓胜不美。若人夸善用兵者，是谓喜杀人也。如此等不可式天下也。**吉事尚左，凶事尚右。偏将军居左，上将军居右，言以丧礼处之。**

○河上公《老子章句》：左，生位也。阴道杀人。偏将军卑而居阳者，以其不专杀也。上将军尊而居阴者，以其专主杀也。上将军居右，丧礼尚右，死人贵阴也。○明太祖《御注道德真经》：古所以慎人命者，幽哉！盖为不欲使凶事尚吉，重人命也。**杀人之众，以哀悲泣之，战胜，以丧礼处之。**○宋徽宗《御解道德真经》：《易》以师为毒天下，虽战而胜，必有被其毒者，故居上势与战胜者，以丧礼处之。○陈致虚《道德经转语偈》：居贵左兮兵贵右，非人此道莫轻授。有时恬淡乐无为，上天之载无声臭。

注释 ①兵：兵器，也指兵事、战争。②物或恶之：大家都讨厌它。物，指人。③君子居则贵左，用兵则贵右：古人认为左阳右阴，阳生而阴杀。后面的所谓『贵左』、『贵右』、『尚左』、『尚右』、『居左』、『居右』等，都是古时的礼仪。④恬淡：淡泊、安静。

譯文 战争是不吉利的东西。世间之人都讨厌它，所以得道之人不去碰它。君子平时以左为上，战时以右为上。战争是不吉利的东西，不是君子所使用的东西，只有不得已时才使用，所以要淡然处之。胜利了也不要沾沾自喜，如果以此为美，就是以杀人为乐。以杀人为乐的人，就不能在天下实现自己的志向。吉利的礼仪以左为上，凶丧的礼仪以右为上。职位较低的偏将军站在左边，职位高的上将军站在右边，就是说战争被当做丧礼来看待。因为杀人众多，所以要怀着悲哀的心情去打仗，胜利了也要以丧礼来对待。

讀解心得 老子曰：『兵者不祥之器，不得已而用之，恬淡为上』。兵指战争，发生战争就会有杀戮。战争会给人类带来巨大的灾难。正直有道德的君王，是不喜欢战争的。老子反对战争，但不惧怕战争。老子在批评战争的同时，认为在『不得已』的情况下还是要采用这种手段的。这是为了除暴安良、救国救民，除此之外无其他目的。即便如此，用兵者也应当『恬淡为上』。在获取胜利时不要以兵力逞强，不要随意杀戮。相反，对于在战争中死难的人，还要真心表示哀伤悲痛。抗日战争是我人民军队奋起反抗日本的侵略行为，这是自卫之战，即被动地为保卫自己国家的安全而战，即『不得已』。用兵的关键所在是具备『君子居则贵左，用兵则贵右』，但此句话理解起来比较困难，其实老子用『左』、『右』两字概括出了他的思想。

『左』为阳，阳为乾，阳象征自强不息。建立强大的人民军队，是为了保卫自己的国家不受发动战争者的侵略和杀戮。老子反对侵略战争，但不反对反侵略战争。一国国力的强盛可以保四方的平安。有了强大的军队才有反对战争的力量，才能防止战争的发生。『右』为阴，阴为坤，阴象征厚载万物，这里老子以『右』来借指阴柔慈善，战争应有『慈』的理念，达到目的就行了，不要夸耀。因为战争都是『不祥之器』，不要逞强，逞强就是『不道』。因此，他强调『胜而不美』，即使胜利了也不要得意洋洋，得意洋洋就意味着喜欢杀戮，喜欢杀戮者怎么可能在天下长久得志？

既然兵非君子之器，不是到了万不得已之时，不得使用。凡用兵之事应低调对待。老子为战争设了两条底线：『不得已而用之，恬淡为上。』这样只有『不得已』和『恬淡为上』两者同时具备时，战争才能够被容忍。

在老子的『左』、『右』思想的指导下，用好『不得已』，才能把握战争的适度，在战争不可避免的情况下，『不得已而用之』，消灭战争侵略者，平息战乱达到和平共处就可以了，胜了也不是一件高兴的事，即『胜而不美』。

經典事例

墨子止战

战国初年，楚国国君楚惠王想要重新恢复楚国的霸主地位。他加紧扩充军队，要去攻打弱小的宋国。

楚惠王重用了一个非常有本领的工匠，这个人叫公输般，是鲁国人，也就是后来的鲁班。

公输般被楚惠王请去做了大夫。他为楚惠王设计了一种专门用来攻城的工具，叫做云梯。云梯比楼车还高，是攻克城池的理想工具。

楚惠王一边命公输般加紧制造云梯，一边着手准备向宋国进攻。楚国制造云梯的消息很快就传扬了出去，各诸侯国都非常担心，特别是宋国，得到楚国要来进攻的消息，更觉得大难临头。

楚国准备伐宋的事，引起了很多人的反对。其中反对得最厉害的人是墨子。

墨子是墨家学派的开创者，他反对奢侈浪费，主张勤俭治国；他更反对为了争城掠地而使百姓遭到灾祸的混战。当他得知楚国要利用云梯去攻打宋国的消息后，就立刻

乾卦图

易经六十四卦之第一卦。乾为天，象征刚健中正。

墨子

墨子是战国时期著名思想家、政治家、军事家。提出『兼爱』、『非攻』等观点，创立墨家学说，并有《墨子》一书传世。墨学在当时影响很大，与儒家并称『显学』。

亲自赶到楚国去，走得脚底磨出了泡，出了血，他就把自己的衣衫撕下来一块裹在脚上继续走。

就这样日夜兼程地奔走了十天，墨子终于到达了楚国的都城郢都。他先去求见公输般，规劝他不要帮助楚国攻打宋国。

公输般回绝道：『不行啊，我已答应楚王了。』

于是墨子就请求公输般带他去面见楚惠王，公输般答应了他的请求。见到楚惠王之后，墨子非常诚恳地说：『楚国地域辽阔，方圆五千里，可以说地大物博；而宋国的土地不过五百里，物产也不是很丰富。大王您为什么有了华丽贵重的车马，还要去偷别人的破车呢？为什么要抛弃自己的绣花绸袍，去偷人家一件破旧的短褂子呢？』

楚惠王听了以后，虽然觉得墨子的话很有道理，但还是不肯轻易放弃伐宋的打算。公输般也认为用云梯攻克城池很有胜算。

墨子直截了当地对公输般说：『你能攻，我就能守，你占不着什么便宜。』

他说着，就解下了腰上系着的皮带，在地上围起来当做城墙，又拿几块小木片当做攻城的工具。他叫公输般来与他演习一下，比一比本领。

公输般使用一种方法攻城，墨子就会采用一种方法守城。公输般用云梯攻城，墨子就用火箭烧云梯；公输般用撞车撞城门，墨子就用滚木礌石砸撞车；公输般挖地道，墨子就用烟熏。

公输般使用了九套方案，把所有攻城方法都用完了，可是墨子还有很多守城的高招没有使出来。

公输般知道了墨子的厉害，但他心里还不服气，就对墨子说：『我还有一个办法来对付你，但是现在不能说。』墨子听了微微一笑，说道：『我知道你想用什么办法来对付我，不过我也不说出来。』

楚惠王在一旁听两人说话像打哑谜一样，感到莫名其妙，就问墨子：『你们说的究竟是什么？』

墨子回答说：『公输般的意思是把我杀掉，他以为杀了我，就没有人帮助宋国守城了。不过，他打错了算盘。我在来楚国之前，就已经派了禽滑厘带着我的三百个学生去宋国守城了，他们每个人都学会了我全部的守城方法。即使您把我杀了，楚国也还是占不到任何便宜。』

楚惠王听了墨子的这番话，又亲眼看到了墨子守城的本领，心里明白要打败宋国根本没有希望，只好对墨子说：『先生的话说得很有道理，我决定不攻打宋国了。』

一场战争就这样被墨子阻止了。

可以说，墨子『非攻』的思想在一定程度上和老子的战争观是一致的，他们都认为『兵者不祥之器』。战争一旦打起来，无论谁胜谁败，都会互有损伤，百姓也会因此遭到灾难。从这一点上看，他们都具有强烈的人道主义思想倾向。

第三十二章

题解 在本章中，老子从另一个角度论述了『道』的含义，『道』是永恒的、深邃的和纯朴的，虽然看上去虚无缥缈，却冥冥中主宰着天地万物。老子希望统治者遵守『道』的原则，就会很好地治理天下。从某种意义上来说，人民并非臣服于统治者，而是臣服于朴素无名的大道。这与第五十七章的『我无为而民自化』相一致，无为而治的意义就在于此。在老子看来，在『道』的指导下治理国家，统治者可以收放自如，人民也可以在不知不觉中得到实惠。

原文 **道常无名，朴虽小，天下莫能臣也①。侯王若能守之，万物将自宾②。**○河上公《老子章句》：道能阴能阳，能弛能张，能存能亡，故无常名也。道朴虽小，微妙无形，天下不敢有臣使道者也。侯王若能守道无为，万物将自宾，服从于德也。○王夫之《老子衍》：王辅嗣曰：道无形不系，常不可名。**天地相合，以降甘露，民莫之令而自均③。**○王弼《道德真经注》：言天地相合，则甘露不求而自降；我守其真性无为，则民不令而自均也。○王夫之《老子衍》：天地，质也；甘露，冲也；升于地而地不居功，降自天而天不终有，是既止以后之自然，且莫令而自均，后天之冲，合于先天，况夫未始有夫有止者乎？**始制有名④，名亦既有，夫亦将知止⑤，知止可以不殆。**○王夫之《老子衍》：因于大始者无名，止于已然者有名。然既有名而能止之，则前名成而后名犹不立，过此以往，仍可为大始。**譬道之在天**

下，犹川谷之于江海⑥。〇河上公《老子章句》：譬言道之在天下，与人相应和，如川谷与江海相流通也。〇王夫之《老子衍》：川谷能成江海，江海不能反川谷。道散而为天下，天下不能反而为道。

注釋 ①天下莫能臣：臣，这里名词作动词用，『使……为臣』、『使……服从』的意思。天下没有能够使它服从的。②自宾：自将宾服于『道』。宾，宾服、服从。③民莫之令而自均：人民没有要求它均匀，它却自然均匀。④始制有名：始，指天地万物的开始。制，作的意思。⑤止：止境、限度。⑥譬道之在天下，犹川谷之于江海：这句是以江海比喻『道』，以川谷比喻天下万物，说明『道』的统领性，全句意思是：『道』为天下所归，正如江海为一切小河流所归一样。

譯文 『道』经常处在无名的状态之中，它虽然纯朴微小，但天下却没有能使它臣服的。统治者如果能持守它，万物就会自动臣服。这样就会使阴阳相合，天降甘露，人民没有要求它，它却能面面俱到。『道』产生了万物，万物产生了，就要知道适可而止，知道适可而止就不会消亡。『道』生成天下，就像小河汇聚为江海一样。

讀解心得 在『道』出现以前，自然规律就已经客观存在了，老子用『朴』来形容『道』的原始『无名』的状态。『朴』是原始质朴的『道』。道即自然万物发展变化的自然规律，万物都臣服于这个规律。它是无形的，是隐而不可见的。人们无法用感官来证明它的存在。它一直都是默默无闻的，甚至不被人重视，但天地万物都受到它的支配。『道』总是善于抓住事物的本质去把握事物的变化，所以才成其『大』。贵为王侯者，也必须臣服于自然规律。王侯按自然规律办事，天地间阴阳之气相互作用，风调雨顺，就会降下甘露以滋润万物，人民没有要求它，它却能够做到自然均匀，不厚此薄彼。每个人都自觉地守着自己的那一份，就会和谐相处。『民莫之令而自均』指出了自然规律作用的普遍性和客观性。

治理天下者，首先要建立一种体制，制定各种制

北海起三山

老子以大海之广阔来形容『道』，说明了『道』的浩瀚无边，体现了其『无为而治』的思想。

度，并确立各种名分，任命各级官员办事。既然有了名分，就会有纷争，就要有所制约，不可过分，要适可而止。统治者按规律行事，不肆意妄为，就不会纷扰多事，国家就不会危亡。

『道之在天下，譬犹川谷之于江海。』『道』存在于天下，就像大海一样广阔无边。『道』是江海，王侯与万民，就像一条条或大或小的河川溪流，向大海汇聚。大海处于低洼之处，河川溪流才能够汇聚于此。老子认为管理者应真正地感悟到『道』的真谛，遵循『道』的无为而治的规律，才会受到百姓的拥戴。

經典事例

宋襄公之『仁』

公元前638年夏天，一直想成为霸主的宋襄公出兵伐郑，郑国便向楚国求助。楚成王接到消息后，并没有直接援救郑国，而是统领大军直接杀向了宋国。宋襄公顿时慌了手脚，也顾不上攻打郑国，连忙带领军队赶回宋国。

等宋军在河边扎好营盘，楚国的兵马刚好来到了对岸。这时属下公孙固对宋襄公说：『楚军来到这里只是为了救郑国。我们已经从郑国撤兵。他们的目的也已经达到了。咱们兵力不足，不能硬拼，还是和楚国讲和吧。』宋襄公却反驳道：『楚军虽然兵强马壮。可是缺乏仁义。我们宋国虽然兵力单薄，但却是仁义之师。不义之兵能胜过仁义之师吗？』

宋襄公还特意命人做了一面大旗，上面绣着『仁义』二字。他要用这『仁义』来战胜楚国的刀剑。到了第二天早上，楚军开始过河。公孙固对宋襄公说：『楚军正在渡河。等他们渡到一半，我军杀过去，一定能够取胜。』宋襄公却指着『仁义』之旗说：『人家还没渡完河我们就打，那还算什么仁义之师？』

过了一会儿，楚军全部过了河。正当他们在河岸上布阵时，公孙固又对宋襄公说：『趁楚军正在乱哄哄地布阵，我们发动攻击，也许还能取胜。』宋襄公听罢很不满意：『人家还没有摆好阵，你就要去打他，那还算得上是仁义之师吗？』

楚军布好阵之后，立刻发起攻击。宋襄公领兵冲在最前面。可是，宋军根本不是楚军的对手，很快就被打得落花流水，宋襄公也受了箭伤。

宋襄公被手下人救回来以后，仍然执迷不悟：『仁义之师就是要以德服人，我奉行仁义之道打仗，不能乘人之危去攻打对方，这才是君子所为。』他手下的将士们听了，都暗骂宋襄公是个草包。

后来，宋襄公的伤口感染，不久便死去了。

宋襄公的做法，从道义上讲，的确是君子所为。但是，在『春秋无义战』的背景之下，他依然死守旧规，实际上就是违背了那个时代的自保之『道』。历史上很多人都自以为得『道』，但实际上，能真正认识它的人并不多，『侯王若能守之，万物将自宾』，但如不能真正领悟『道』，其结果就无法预测了。

晏子责烛雏

春秋时期的齐景公特别喜欢捕鸟，他经常将捕获而来的各种鸟饲养起来赏玩，还特意指派了一个叫烛雏的人负责捕鸟的事。

有一天，烛雏一时大意，使捕来的鸟飞走了。齐景公知道以后非常生气，他大发雷霆，要杀掉烛雏。齐国重臣晏子知道此事后，马上来见齐景公。

他对齐景公说：『烛雏犯了重罪，请让为臣来历数他的罪状，然后再请大王按罪处死他吧。』齐景公同意了晏子的请求。

然后晏子派人把烛雏带来，当着齐景公的面一一列举烛雏的罪状：『大王派你负责看管鸟，而你却粗心大意让鸟飞走，这是你的第一条罪状；你使大王由于鸟飞走的缘故而杀人，使大王背上喜好杀人的坏名声，这是第二条罪状；如果以后别的诸侯听到这件事，以为大王把鸟看得比人命还要重，从此就毁了大王的威望，这就是第三条罪状。』

晏子一口气列举了烛雏的三大罪状之后，便请齐景公处死烛雏。

齐景公并不糊涂，他在晏子斥责烛雏的时候已经醒悟过来，于是摆摆手说：『算了，不要杀了，寡人在盛怒之下险些做了错事。多亏了先生的指点。』

真正有智慧的人在正面批评或许无济于事的情况下，往往采用侧面迂回的办法取得劝谏的成功，晏子的故事就说明了这个道理。正是因为他懂得了劝谏君主之『道』，才使自己的话收到了成效，这与宋襄公之死相比，真是不可同日而语！

第三十三章

题解 老子经常用一些简单而生动的比喻来阐述自己的学说，辩证法是他思想的精华之一。在这一章中，老子再次运用辩证思维来论述『道』，他比较了智慧与超智慧、力量与超力量以及长久与永恒的不同，旨在说明『道』超越一切和至高无上的作用。很多人认为了解他人需要非凡的智慧，而了解自己则属于超智慧。古今中外的历史上，因为没有自知之明而失败的人不胜枚举。老子还认为，肉体虽死而精神犹在才是真正的永恒。

原文 **知人者智，自知者明**①。○河上公《老子章句》：能知人好恶，是为智。人能自知贤与不肖，是为反听无声，内视无形，故为明也。○王弼《道德真经注》：知人者，智而已矣，未若自知者超智之上也。**胜人者有力，自胜者强**②。○河上公《老子

章句》：能胜人者，不过以威力也。人能自胜己情欲，则天下无有能与己争者，故为强也。○明太祖《御注道德真经》：能善胜人者，虽不用力，是谓有力。自胜者是为强。强然如此，此数事皆能知足为当。**知足者富，强行者有志**③。○王弼《道德真经注》：知足自不失，故富也。勤能行之，其志必获，故曰强行者有志矣。○王夫之《老子衍》：富者不必有志，有志者不能乎富。**不失其所者久，死而不亡者寿**④。○王夫之《老子衍》：久者有极，寿者无终。以气辅气，以精辅精，自谓『不失其所』，而终归于敝，岂但单豹之丧外，张毅之丧内哉？盖智揣力特以奔其志，有『所』而不能因自然之『所』于无所失也。夫见其精气之非有余，可谓之死；而其中之婉如处女萦如流云者、微妙玄通者未尝亡也。非真用其微明，以屈伸于冲和之至，若抱而不离者，何足以与于斯哉？故有虞氏之法久，而泰氏之道寿；中士之算长，而有道者之生无极；言此者，以纪重玄之绩也。

注釋

①明：高明、聪明的意思。②强：这是老子使用的特殊概念，含有果断的意思。③强行：努力不懈。④死而不亡：身体已经死亡，但其精神依然影响着世人。

譯文

了解他人的人很智慧，而了解自己的人才叫高明。战胜他人的人很有力量，而战胜自己的人才叫强大。知道满足的人就是富有。知难而进的人很有志气。不失原则的人能够长久。肉体死亡但精神仍在的人才是真正的长寿。

讀解心得

知人者智，自知者明：知，认清。要做到知人，知己，是很不容易的，姜太公曾说过：『人心之不同，犹如人的容貌，各有各的容貌，也各有各的特殊品行。有的外貌似愚笨而内心睿智，有的貌似恭敬而心怀叵测。历代都有人讲究观察，考验人的事情。如曹操有意安排关公与刘备的妻子同居一室，就是要杂之以处而观其色。关公在房外站了一整夜，曹操被关公的人品所深深折服，从此非常尊敬关公。了解别人是明智的、聪明的。因为了解别人的过程也是一个评判的过程，需要水平，需要能力，更需要客观与公正。这个『智』，是智慧。『不识庐山真面目，只缘身在此山中』，知人难，知己更难。点亮一盏灯，可以照亮整间屋子，然而灯附近的地方却没有光的照耀，即俗称的『灯下黑』。人也有『灯下黑』，往往不能全面认识自己，或认识不足，或自视过高。韩信甘受胯下之辱，季布委身为奴，皆自知其材，忍辱负重，以待他日之用，最终功成名就，这是知己；杨修恃才傲物，放荡不羁，结果招来杀身之祸；崇祯刚愎不明，至死仍然认为『群臣误我』，这就是不知己。自知者明是需要达到一种境界，需要自我反省和思考，需要对自己的心灵进行洗涤，人对事物有一个认知的过程，人在迷惘的时候，需要别人的『当头一棒』，以使其能够清醒地认识自己、对待自己，这才是最聪明的。高明的人都能够做到『知己』。

自胜者强：把自己作为战斗的对象，立志坚定，克服困难，战胜自身的弱点，才能取得胜利，成就大业。如岳飞好饮酒，高宗拊其背说：『今国难方殷，卿未可嗜酒。

飞遂戒酒，终身不饮。』岳飞为了不因饮酒而误国事，终身不饮。岳飞的自制力如此之强，所以他能历经大小数百战，攻无不克，战无不胜，成为民族英雄！如果一个人连一根烟，一杯酒的诱惑都克制不住，却要与天下人争胜，真可谓是不自量力！

知足者富：老子讲的『知足』是知道把握事物发展的分寸。应当前进的时候，当仁不让，赞其强行者有志，矢志不渝事竟成。『强行者有志』，就是有志者胸怀一个伟大的理想与志愿，历经磨难，却始终努力，坚持不懈。

老子一贯主张『死而不亡』。『死而不亡』不是『灵魂不灭』，而是说，人的肉体虽然不能长生，但人的精神却可以永垂不朽，这应该可以算是长寿了。我国古代伟大的思想家，教育家，政治家，儒家学派创始人孔子，虽然早在二千五百年前就已经逝去，但他的思想、著书、精神一直流传下来，时至今日，还依然为世人所敬仰与推崇。俗语说：人死如灯灭。人死了之后，唯一还能延续的，就是人们对他的感激和怀念。儒家、墨家、法家等也都同意这种观点，也都劝人追求不朽，不朽不是缥缈无稽的灵魂不死，而是为人民立德，立功，立言。为天地立心，为生民立命，为往圣继绝学，为万世开太平。这是何等的心胸，何等不朽的人生！

經典事例

管鲍之交

春秋时期齐国的政治家管仲和鲍叔牙是好朋友。两人年轻时，管仲家境贫寒，而鲍叔牙则比较富裕，但是他们两人彼此了解、相互信任，因而相交甚好。

管仲和鲍叔牙早年曾经合伙做生意。当时，管仲出的本钱很少，而分红的时候却拿得很多。鲍叔牙身边的伙计时常因此发牢骚，但鲍叔牙从不计较，他知道管仲要奉养老母，家庭负担很大，有时他还问管仲：『这些钱够不够用？』有很多次，管仲给鲍叔牙出主意，反而把事情办糟了，鲍叔牙也一点不生气，还极力安慰管仲：『事情没办成，并不是由于你的主意不好，而是因为没有好时机，你不要介意。』

管仲曾经三次为官，但是每一次都被罢免，鲍叔牙认为并不是管仲的才能不足，而是因为没有碰到真正赏识他的人。管仲还曾经和鲍叔牙一起参军作战，可他却经常临阵脱逃，鲍叔牙也没有像别人那样嘲笑管仲贪生怕死，他知道管仲是因为挂念家中年迈的母亲。

后来，两个人都从政了。当时齐国朝政非常混乱，众位公子为了避祸，纷纷逃往别国等待机会。当时管仲正在辅佐在鲁国居住的公子纠，而鲍叔牙则侍奉住在莒国的公子小白。不久，齐国发生内乱，国君被杀，齐国群龙无首。公子纠和小白得到消息，连忙动身赶回齐国，都想抢先夺得王位。

两支队伍刚好在半路上相遇，管仲为了让公子纠继承君位，就向公子小白射了一箭，没想到箭正好射到小白腰带挂钩上，小白安然无恙。后来，公子小白抢先回齐即位，就是历史上有名的齐桓公。

管仲

管仲，名夷吾，字仲，春秋时期齐国著名的政治家。

颜回

颜回，字子渊，亦颜渊，孔子最得意的弟子。《雍也》说他『一箪食，一瓢饮，在陋巷，人不堪其忧，回也不改其乐』。为人谦逊好学，以德行著称，孔子称赞他『贤哉回也』。

齐桓公刚一即位，就让鲁国国君把公子纠杀死，并把管仲囚禁起来。齐桓公想任命鲍叔牙为丞相，帮助他治理齐国。鲍叔牙却认为自己没有足够的能力当好丞相。他极力举荐被囚禁的管仲。鲍叔牙对齐桓公说：『在治理国家方面，我比不上管仲。管仲为人宽厚仁慈，忠实守信，他能够制定规范的国家制度，还擅长指挥军队。这都是我所欠缺的。所以您要是想治理好国家，就应当请管仲来当丞相。』齐桓公听了很不同意，他说：『当初管仲射我一箭，险些把我害死，我不杀他就已经算是仁至义尽了，你怎么还能让他当丞相呢？』鲍叔牙回答道：『我听说，一个贤明的君主是不应当记仇的。再说，当时管仲是为公子纠效命的，他当初既然能忠心地为主人办事，今后也一定能够忠心耿耿地为君王效力。您如果想成为天下的霸主，没有管仲是不能成功的。所以您一定要重用他。』齐桓公终于被鲍叔牙的挚诚之言说服了，于是派人把管仲接回齐国。

管仲回到齐国，当上了丞相，而鲍叔牙却心甘情愿做管仲的助手。在他们的合力治理下，齐国很快就成为当时诸侯国中最强盛的国家，齐桓公也成为诸侯之中的霸主。

从这个故事可以看出，鲍叔牙正是『知人者智，自知者明』的典范。他了解自己，也了解管仲，正因为如此，他才能在齐桓公面前极力保举管仲，使得齐国没有失去这样一位贤相的辅佐。由此看来，齐桓公的称霸，在很大程度上正是得益于管鲍之间深刻的了解和密切的合作。

各有所长

有一次，子夏问孔子：『颜回这个人怎么样？』孔子回答说：『颜回是个仁德之人，我比不上他。』子夏又问：『子贡这个人怎么样？』孔子答道：『他的口才比我强。』子夏又问：『子路怎么样？』孔子说：『他的勇敢远远胜过我。』子夏又问：『那子张的为人怎么样？』孔子说：『他为人矜庄，我不如他。』子夏听罢便离开座席，问道：『既然这样，那他们为什么做您的学生呢？』孔子说：『别着急，请坐下，我告诉你。颜回为人虽然仁德但是不懂得通权达变；子贡虽然口才很好却不懂得收敛锋芒；子路虽然勇敢但却不懂得畏怯；子张虽然矜庄却不够随和。从某一方面，我不如他们；但是论做人的根本道理，以他们四个人的优点来与我交换，我也是不会答应的。这就是他们四个拜我为师的原因。』

在孔子看来，他自己与学生都各有所长。而真正明白这个道理的，却只有他一个人，这就是他之所以被尊称为圣人的原因所在。

第三十四章

题解 『道』是天地之始、万物之母，不刻意谋求主宰万物，却是真正的主宰。世间万物的生长看似微不足道，却由『道』来决定。这样，领悟『道』要顺其自然，不宜刻意强求，就像老子所说的『企者不立，跨者不行』。有些人为了彰显个人价值，或拒绝与他人合作，或争强好斗，或强迫自己，而不了解人生的价值是不需要通过过度的压力和逼迫来实现的，也不需要刻意的证明，人生本身就极具价值。

原文 **大道泛兮①，其可左右。**〇唐玄宗《御注道德真经》：大道泛兮，无系而能应物，左右无所偏名矣。〇宋徽宗《御解道德真经》：泛然无所系较，故动静不失，往来不穷，左之右之，而无不可。**万物恃之以生而不辞②，功成不名有。**〇王夫之《老子衍》：谁能以生恩天地乎，则谁能以死怨天地。天地者，与物为往来而聊以自寿也。天地且然，而况于道？荒荒乎其未有畔也，脉脉乎其有以通也；故东西无方，功名无系，宾主无适，己生贵而物生不逆。**衣养万物而不为主③，常无欲，可名于小；**〇河上公《老子章句》：道虽爱养万物，不如人主有所收取。道匿德藏名，怕然无为，似若微小也。〇王弼《道德真经注》：万物皆由道而生，既生而不知所由，故天下常无欲之时，万物各得其所，若道无施于物，故名于小矣。**万物归焉而不为主，可名为大。**〇王弼《道德真经注》：万物皆归之以生，而力使不知其所由，此不为小，故复可名于大矣。〇王夫之《老子衍》：诚然，则不见可欲，非以窒欲也；迭与为主，非以辞主也。彼亟欲成其大者，恶足以知之！**以其终不自为大，故能成其大**④。〇河上公《老子章句》：圣人法道匿德藏名，不为满大。圣人以身师导，不言而化，万事修治，故能成其大。〇王弼《道德真经注》：为大于其细，图难于其易。

注釋 ①泛：水向四处漫流。②辞：管理、干涉的意思。③衣养：养育。不为主：不自以为主宰。④以其终不自为大，故能成其大：以，由于、因为。成，成就、成全。由于『道』不自以为伟大，所以成就了它的伟大。

譯文 大道就像河水泛滥，无所不在。万物依赖它生生不息，完成了使命却不贪图虚名。它滋养万物却不为主宰，永远无欲无求，可以说很渺小；万物都来归附，它也不为主宰，又可以说是很伟大。正是由于它不自大，所以才成就了真正的大。

讀解心得 大道在宇宙天地之间广泛地存在着，老子认为『道』生长万物，养育万物，万物都归恩于他，而『道』却不主宰万物，完全任万物顺其自然去发展，不显示夸耀自己的主位。正是因此，人们才将它称为『大道』。世间万物都是按照自身的规律去运行发展的，不要把事物发展的成绩归功于自己。实际是期望统治者应该像『道』那样。

經典事例

晏子车夫

齐国的相国晏子有一次乘坐马车外出。这辆马车正好经过为晏子驾车的马车夫家门口。马车夫的妻子打开了一条门缝，向外观看。她本来只是想目睹一下齐国相国的风采，没想到看到了自己的丈夫在替晏子驾车时，竟然那样神气十足地坐在车前的大伞盖下面，得意洋洋地挥舞手中的马鞭，目无行人，昂然前行，好像是替相国驾车，自己也成了当朝相国一样。

当天晚上，这个马车夫回到家里，白天那种自我陶醉的神情还没有消失，他的妻子就提出要与他离婚。这个晴天霹雳，一下子将马车夫弄得半天摸不着头脑。他百思不得其解地向妻子追问离婚的缘由，妻子气愤地说：『晏子是我们齐国的当朝相国，他的学问和名望在各国诸侯大臣当中有口皆碑。可是，今天我看见他坐在车上，态度谦和，仪表端庄，思想深沉，令人肃然起敬。你不过是为他驾车的马车夫而已，却坐在车上趾高气扬，自以为有多了不起，赶车的时候竟不把行人百姓放在眼里。你这样胸无大志，将来会有什么出息呢？所以，我一定要与你离婚！』

马车夫听了妻子的这番数落，看到了自己的无知和浅薄，感到羞愧万分，无地自容。从此以后，他彻底地改变了自己对于生活的态度，不仅更加勤奋好学，而且变得谦虚谨慎，终于用实际行动得到了妻子的原谅。

钩弋夫人

赵婕妤，汉武帝妃，汉昭帝之母。初选宫为妃，后封为婕妤。因居钩弋宫，故称钩弋夫人。后被武帝赐死。

马车夫的这些变化引起了晏子的关注，他十分好奇地探询其中的缘由。马车夫如实地将妻子的批评和他自己的悔改和盘托出，这使得晏子非常感动。他不仅敬佩马车夫的妻子超凡脱俗的思想境界，同时也非常欣赏马车夫知错能改、从善如流的品质。后来，晏子在国君面前推荐这位马车夫，使他做了大夫。

这个故事一方面说明知错即改的道理，另一方面也说明了为人处事应有的原则，即谦卑处下，不妄自尊大。在此基础上，才能够冷静地审视自身的优缺点，使自身不断完善，以成就大业。

卫青不败

汉武帝时期，卫青、霍去病在与匈奴的战斗中立下大功，汉武帝对他们大加封赏。卫氏家族显赫之后，京城长安有歌谣说：『生男无喜，生女无怨，独不见卫子夫霸天下。』意思是说卫家的显贵全靠了皇后卫子夫。其实不然，在汉代，掌握朝政的外戚大都是靠裙带关系爬上高位的，而卫青和霍去病却是在战场上出生入死，为国家立下了赫赫功勋才身居高位的。因此，即使后来卫子夫失宠，他们两人在朝中的地位也丝毫没有受到影响。

原本出身低贱的卫青如今被封为了贵极人臣的大将军，朝中大臣纷纷巴结奉承。这时，武帝的姐姐平阳公主寡居在家，她要在列侯之中选择丈夫，不少人都说大将军卫青最合适，平阳公主笑着说：『他从前是我的下人，做过我的随从，怎么能让他做我的丈夫呢？』左右都说：『卫青已经今非昔比了，他现在当上了大将军，姐姐又是皇后，他的三个儿子也都被封了侯，权势威震天下，还有谁比他更配得上您的呢？』平阳公主听后也有些愿意了。

汉武帝知道这件事后，笑道：『当初我娶了卫青的姐姐，如今他又要娶我的姐姐，这倒很有意思。』于是立即允婚。这样，卫青与武帝亲上加亲，更加受宠。但是卫青为人谦让仁慈，敬重贤才，从来不以势压人，因此很受朝臣的尊重。

后来，汉武帝对卫青的外甥霍去病恩宠日盛，霍去病的声望渐渐超过了卫青。从前奔走于大将军门下的很多故交，如今都转到了霍去病的门下。卫青门前渐渐显出冷落，但他毫不在意，认为这是人之常情，自己则心甘情愿地过着平静恬淡的生活。

后来，大将军卫青去世，汉武帝派人在自已的茂陵东边专门为卫青修建了一座坟墓，以铭记卫青一生的赫赫战功。

历朝历代，战功卓著而能够善终的武将并不多，卫青就是其中之一。他之所以没有在政治激流中遭到祸患，就在于他始终保持着谦卑的品性。这样的处世原则，才使得他能在险恶的政治环境中立于不败之地。

第三十五章

题解 本章的论述旨在强调看似平淡无奇的『道』其实蕴含着巨大的力量。老子认为，以『清静无为』的大道治国的圣人会使天下归附，即使所有人都前来归附也不会相互妨害，至少也可以使世界和平安定。接着老子又运用对比来衬托『道』的伟大，他认为美妙的音乐和美味的饮食最多能使路人一时停下脚步，而大『道』虽然淡而无味、无声无形，却能受用不尽。

『道』表面上是平淡无奇的，但正像第四十一章所说的『大方无隅，大器晚成，大音希声，大象无形』一样，正因为大道无所不为，所以才给人以平淡无奇的感觉，这也是事物两个方面互相转化的一种体现。老子的这种看法也是对『无』和『有』的关系所做的进一步解释。『万物生于有』，所以看上去很具体，容易理解和辨识；『有生于无』，深邃空灵，说出来，『淡乎其无味』，所以正如《道德经》开篇所说的『道可道，非常道』。

原文 **执大象**①，**天下往**②。○河上公《老子章句》：执，守也。象，道也。圣人守大道，则天下万民移心归往之也。治身则天降神明，往来于已也。○王弼《道德真经注》：大象，天象之母也，不寒不温不凉，故能包统万物，无所犯伤，主若执之，则天下往也。**往而不害**③，**安平太**④。○河上公《老子章句》：万民归往而不伤害，则国家安宁而致太平矣。治身不害神明，则身安而大寿也。○王弼《道德真经注》：

君臣惕益

舜因大禹治水有功，而将天下禅让给禹。禹可说是依附于大道而得天下。禹为夏朝的奠定者，后传位于子启，开创君主世袭制，亦称为夏后氏，据说活到一百岁，葬于会稽山。

无形无识，不偏不彰，故万物得往而不害妨也。〇唐玄宗《御注道德真经》：物往而不伤害，则安于平泰。〇宋徽宗《御解道德真经》：阴阳和静，鬼神不扰，群生不伤，万物不夭，民虽有知，无所用之，何害之有？安则无危亡之忧，平则无险陂之患，泰者通而治也。〇明太祖《御注道德真经》：既众庶之服归，加抚以劳之，则天下安和，即安平泰。**乐与饵**⑤，**过客止**⑥。〇王弼《道德真经注》：言道之深大，人闻道之言乃更不如乐与饵应时感悦人心也。乐与饵则能令过客止。〇王夫之《老子衍》：尝试念之：乐作饵熟，则虽有遄行之客，而游情以止，非以其归于情耶？所谓『常有欲以观其徼』也。**道之出口**⑦，**淡乎其无味，视之不足见，听之不足闻，用之不**

足既⑧。〇王弼《道德真经注》：而道之出言，淡然无味，视之不足见则不足以悦其目，听之不足闻则不足以娱其耳，若无所中然乃用之不可穷极也。〇陈致虚《道德经转语偈》：出口淡乎其无味，能者用之不可既。逢人好语说三分，过客欣闻乐与饵。

注釋

①执大象：象，即『道』。道是无物之象，它产生天地，无处不在，是宇宙中最大的象。执大象，执守大道。②天下往：天下，指天下的人们。往，归往的意思。③往而不害：即使天下的人们向它投靠，也不会互相妨害。④安平太：安，相当于乃、于是的意思。平，和平。太，安泰。⑤乐与饵：乐，音乐。饵，美味佳肴。⑥过客止：能使过路的行人停住不走。⑦道之出口：『道』用嘴说出来，也即『道』的表述。⑧用之不足既：既，尽。用它，但用不完、用不尽。

譯文

掌握了『道』，天下就会前来归附。即使所有人都来归附，也都会相安无事，天下会安定太平。声色美食只能一时留住人的脚步。『道』说出来，平淡无奇，也不值得看、不值得听，但却可以受用终身。

讀解心得

这一章再次论说了『道』的作用和影响。在《道德经》中『道』的作用和影响被反复提及，看似重复，实则是层层深入，不断展开。本章歌颂了『道』的伟大力量。老子创建了『道』的学说，并反复描述『道』，但『道』究竟是什么样子，老子也尚未找到合身的表达方式，所以使『道』的学说很玄妙。『道』看不见，听不到，摸不着，是用感官无法感知的，但又实际存在，它的影响和作用是无穷的。

『乐与饵』只能供人做客时短暂享受，但却不能长久，大道虽然平凡无奇，但是平凡中见伟大，可以终身享用。老子在本章里告诫官员们不要沉迷于声色美酒之中，应该追求自然质朴的大道。统治者执政、治国，都应该按照事物发展的自然规律去行事，这样才能保持社会的安定和发展。西汉初期的政治就受到其影响。

经典事例

割席断交

管宁和华歆是三国时代的名士。他们俩在年轻的时候非常要好，每天形影不离，相处得非常和谐。据《世说新语》记载，两人曾发生过『割席断交』的故事。

一天，他俩在菜地里锄草。两个人卖力地干着活，甚至顾不得休息，不一会儿就锄好了一大片。

忽然，管宁一锄下去，碰到了一个很硬的东西。管宁感到很奇怪，就把刚才锄到的一大块泥土翻了过来。他看到，在黑黝黝的泥土之中，有一个东西闪闪发着金光。管宁仔细一看，原来是一块黄金，他自言自语地说：『我还以为是什么东西呢，原来是块金子。』然后，他就不再理会了，继续埋头锄草。

可是，不远处的华歆听到管宁的话，不禁心里一动，连忙放下锄头跑了过来，俯下身捡起金块仔细端详。

管宁见此情景，一边舞动手里的锄头继续干活，一边责备华歆：『君子爱财，取之有道，有道之人是不会贪图不劳而获的财物的。』

华歆听了，嘴上说：『这个道理我也明白。』可手里还是捧着金子，舍不得放下。后来，他被管宁锐利的目光盯得实在受不了了，才很不情愿地扔了金子回去继续干活。可是他心里一直惦记着金子，干活也不像先前那样努力，还不停地唉声叹气。管宁见到他这个样子，没有说什么，只是不停地摇头。

还有一次，管宁和华歆同坐在一张席子上看书。两人正看得入神，忽然外面喧闹起来，响起了一片鼓乐声，中间还夹杂着鸣锣开道的吆喝声。管宁和华歆听到动静，就起身来到窗前，想看看外面究竟发生了什么事。

两人透过窗户一望，原来有一位达官贵人的车子从这里经过。一大队随从穿着统一的服装，佩带着武器，前呼后拥地护卫着车子，威风八面。再看那辆车，装饰更是奢华：车帘是用五彩绸缎织成的，四周用金线装饰着，车顶上还镶了一块玲珑剔透的大翡翠。富贵之势使旁观的人们无不啧啧赞叹。

管宁看了以后，对于外面发生的事很不以为然，又坐到原处拿起书专心致志地看起来。他对外面的喧闹之声充耳不闻，就好像外面什么也没发生一样。

而华歆却正好相反，他几乎完全被这种豪华的排场和张扬的声势吸引住了。他觉得在屋子里看不清楚，就丢下书本，匆匆忙忙跑到街上，跟着人群，尾随着车队仔细看。

管宁看到了华歆的所作所为，心中产生了无限的叹惋和失望。等马车过去，华歆回来之后，管宁就拿出一把刀子，当着他的面把席子从中间割开，分成两半，然后满怀伤感地对华歆说：『我们俩的志趣太不一样了。从今天起，我们两个就像这被割开的席子一样，不再是朋友了。』

管宁之所以与华歆断交，就是因为二人志趣不同，一个不慕名利，专心治学；一个热衷财货、声名，用心不专。华歆的所作所为正好与老子『乐与饵，过客止』的说法相符合，他沉迷于具有诱惑力的『乐与饵』之中，而将看似『淡乎其无味』的学问抛在脑后，这就不再与管宁志同道合，管宁因此而与他绝交，确实是一个正直之人的必然之举。

第三十六章

题解 事物通常包含着对立统一的两个方面，根据物极必反的道理，这两个对立面在一定条件下可以互相转化。无论是做人还是治国，老子都主张『知强守弱』，永远使自己处于一个低调和弱势的位置，这样就能伸缩自如，为自己赢得更大的发展空间。在这一章中，老子批判了自满、炫耀和逞强等行为，统治者若如此，则必将导致败亡。老子再次以辩证法来论述『知其雄，守其雌』和『曲则全』的道理，深入地分析了『柔弱胜刚强』的意义。

歙和张、弱和强、废和兴、夺和与，这些看似对立的关系，其实又存在着密切的因果联系。在失去之前，必定要先拥有，不拥有就谈不上失去。人们常说的『希望越大失望就越大』和『置死地而后生』，说的就是这个道理，分别从不同的角度解释了希望与失望的关系。『道』虽大，但是从不恃强主宰万物，而万物却宾服于『道』。有个成语叫做『见微知著』，老子正是通过观察别人看不到的微小之处，发现别人不愿承认其存在的道理。最后，老子指出『国之利器不可以示人』，反对轻率地使用严刑酷法，王弼的解释符合老子『无为』的本意。

原文 **将欲歙之，必固张之**①**；将欲弱之**②**，必固强之**③**；将欲废之**④**，必固兴之**⑤**；将欲夺之，必固与之**⑥**。是谓微明**⑦**。**

①河上公《老子章句》：先开张之者，欲极其奢淫。先强大之者，欲使遇祸患。先兴之者，欲使其骄危。先与之者，

欲极其贪心。此四事，其道微，其效明也。○王夫之《老子衍》：固者，表里坚定，终始不异。王元泽曰：鬼神之幽将不能窥，而况于人。**柔弱胜刚强。**○韩非子《喻老》：处小弱而重自卑。○河上公《老子章句》：柔弱者久长，刚强者先亡也。**鱼不可脱于渊，国之利器不可以示人**⑧。○河上公《老子章句》：鱼脱于渊，谓去刚得柔，不可复制焉。利器者，谓权道也。治国权者，不可以示执事之臣也。治身道者，不可以示非其人也。○陈致虚《道德经转语偈》：利器如何可示人，不妨勇猛奋精神。参玄参到微明的，现出金刚不坏身。

注释　①将欲歙之，必固张之：歙，收敛、收拢的意思。之，相当于『者』。将要收拢的，必定先扩张。②弱：削弱。③强：形容词作动词用，使……强。④废：废弃、废毁。⑤兴：兴起、兴举。⑥与：给。⑦微明：微妙简明的道理。⑧示：显示，此主要指耀示于人民。

譯文　要收拢的必先张开，要削弱的必先强大，要荒废的必先兴盛，要夺取的必先给予。这是微妙简明的道理。柔弱的可以战胜刚强的。就像鱼不能离开河流一样，严刑酷法也不能轻易使用。

讀解心得　这一章主要讲了事物的两面性和矛盾相互转化的辩证关系。在事物的发展过程中，当到达一个极端后，就会向它的相反方向发展。本章的前八句是老子对于事物发展的具体分析，贯穿了老子所谓『物极必反』的辩证法思想。歙与张、弱与强、废与兴、取与与是四个矛盾的对立统一体。老子选择居于柔弱与刚强的对立中，柔弱的事物能够驾驭刚强的事物。他认为柔弱的东西极富柔韧性，生命力旺盛，所以能够长久。而刚强的东西反而极易折断，不能长久。深水是鱼生存的根本，鱼离开水就不能生存。治国者应该顺应自然之道，不可以用利器、强权来威吓人民。否则便要自招祸患，国破身亡。

经典事例

胯下之辱

韩信是秦汉之交的一位著名军事家，曾为汉高祖刘邦建立汉朝立下过赫赫战功。韩信很小的时候，就失去了双亲。他主要靠钓鱼换来的钱维持生活，还经常得到一位靠漂洗丝棉为生的老妇人的周济，因而屡屡遭到别人的歧视和冷遇。

刘邦

汉朝开国皇帝，庙号『太祖』，谥号『高皇帝』。刘邦统一中国建立汉朝之后，以文治理天下，诏令天下，广泛求贤。对汉民族形成、中国统一强大、汉文化的发扬做出了一定的贡献。

君臣鱼水

刘备把自己比作鱼，把孔明比作水，用以说明孔明的才略对自己完成夺取天下大业的重要性。可见像水一样看似柔弱的东西有时也可以发挥无穷的力量。

有一次，一群恶少当众侮辱韩信。其中有一个屠夫对韩信说：『你虽然长得人高马大，又喜欢带佩剑，其实你是个胆小鬼。你要是真有本事的话，敢用你的剑来刺我吗？你要是不敢，就从我的裤裆下面钻过去。』韩信知道自己形只影单，如果跟他们硬拼，自己肯定要吃亏。于是，他当着许多围观者的面，从那个屠夫的裤裆下面钻了过去。史书上称之为『胯下之辱』。

后来韩信发奋图强，学得一身兵法，他的军事才能可以说无人能及。后来被萧何引见到刘邦的帐下，很快就当上了大将军，为刘邦打下汉室江山立下了赫赫战功，从而成就了自己的一番宏图伟业。

韩信正是以『柔弱』保全了自己，才成就了后来的事业。假使当初韩信一怒之下，『宁折不弯』地和那群流氓拼命，恐怕历史将会改写，历史上就不会出现一个叱咤风云、战功卓著的大将军，只是会多一个名不见经传的枉死鬼而已。

三家分晋

一向被称为中原地区霸主的晋国，到了春秋后期，国君已经大权旁落了，国家的实权由六家大夫掌握。他们各自都有独立的地盘和武装，互相攻伐。后来其中两家被打散了，还剩下智家、韩家、赵家、魏家。在这四家中，以智家的势力最为强大。

智家的智伯瑶想吞并其他三家的土地，于是就对三家的大夫赵襄子、韩康子、魏桓子说：『晋国原本是中原的霸主，后来相继被吴、越夺去了霸主的地位。为了使晋国再次强大起来，我主张每一家都划出一百里土地和户口来交给公家。』

这三家大夫都知道智伯瑶想借公家的名义来逼迫他们交出土地。可是三家大夫心不齐，首先是韩康子把土地和户口割让给了智家；魏桓子不想得罪智伯瑶，也把土地、户口割让出来了。

智伯瑶又向赵襄子索要土地和户口，赵襄子坚决不同意，他说：『土地是祖上留下来的产业，无论如何也不能送人！』

智伯瑶听了赵襄子的话，怒气冲天，马上率领韩、魏两家一同发兵攻打赵家。公元前455年，智伯瑶亲自率领中军，魏家的军队担任左路，韩家的军队担任右路，三路人马直奔赵家。

赵襄子知道寡不敌众，就带着手下的兵马退守晋阳。没过多长时间，智伯瑶率领三家的人马已经把整个晋阳城团团围住。赵襄子命令将士们坚守城池，不许出战。每当三家军队攻城的时候，城头上的箭好像飞蝗一般落下来，使得三家兵马无法前进一步。

就这样，赵襄子凭着弓箭守了两年多。三家的兵马始终没能把晋阳城攻下来。

这一天，智伯瑶来到城外察看地形，他看到了晋阳城东北面的晋水，忽然有了一个主意：晋水从晋阳城边绕过向下游流去，如果把晋水引到西南边来，晋阳城不是就被水淹了吗？他想到这里，就命令士卒在晋水边上另外再挖一条河，一直通到晋阳城，又在上游筑起了堤坝，用以拦住上游的水。

当时正值雨季，堤坝上的水很快就满了。智伯瑶命人在水坝上挖出个豁口。这样，大水就直冲出来，灌到晋阳城里去了。

晋阳城里的房屋被淹，人们不得不躲到房顶上去避难；炉灶也淹没在水里，老百姓不得不把锅悬起来做饭。即便如此，晋阳城的老百姓宁可淹死，也坚决不肯投降，因为他们恨透了智伯瑶。

智伯瑶请魏桓子和韩康子一同去察看水势。他用手指着晋阳城得意洋洋地对他们说：『你们看，晋阳不是很快就要完了吗？以前我还以为晋水能够像城墙一样拦住敌人，现在才知道，原来大水也能够灭掉一个国家啊！』

魏桓子和韩康子表面上虽然顺从地答应，可心里却暗暗吃惊。原来，在魏家的封邑安邑、韩家的封邑平阳旁边各有一条河流。智伯瑶的话提醒了他们：晋水既然能淹晋阳，说不定哪天安邑和平阳也会遭到和晋阳同样的命运。

晋阳被淹之后，城中的情况越来越危急了。赵襄子坐卧不安，他对门客张孟谈说：『晋阳民心虽然没变，可水势要是再涨起来，全城就保不住了，这可怎么办呢？』

张孟谈回答说：『依我看，魏家和韩家把土地白白割让给智伯瑶，他们也不会心甘情愿的，我想办法劝他们两家共同对付智伯瑶。』

于是当天晚上，张孟谈就奉赵襄子之命偷偷出城。他先找到韩康子，又找到魏桓子，说服他们反过来与赵家一起攻打智伯瑶。韩、魏两家早就为此事犹豫，经张孟谈一劝，都欣然同意了。

第二天半夜，智伯瑶正在营帐里睡觉，忽然间听见外面一片喊杀的声音。他急忙从床上爬起来，发现被褥和衣服全都湿了。他定睛一看，原来兵营里全是水。开始他还以为是堤坝决口，河水流到自己营里来了，于是他就赶忙命人去抢修。可是水势越来越大，把整个兵营全都淹没了。正当智伯瑶惊慌不定的时候，四面八方响起了震耳欲聋的战鼓声。赵、魏、韩三家的将士驾着小舟、木筏一齐冲杀过来。智伯瑶手下的士卒，被砍杀的和淹死的不计其数。智家全军覆没，智伯瑶也被三家的人马捉住杀了。后来赵、魏、韩三家瓜分了智家的土地，各自独立，形成了赵、魏、韩三国，历史上称这件事为『三家分晋』。

原本在四家中，智伯瑶的实力是最大的，可是他过于狂妄自大，对另外三家态度强硬无礼。他一味地施行『霸道』，而没有考虑到自己貌似强大的背后会有什么危险，即没有『将欲废之，必固兴之』的战略眼光。因此，他最后为三家所灭，也是势所必然。

第三十七章

题解 本章论述的主要是『道』的无所不在和无所不为，也是老子『无为而治』政治思想的体现。老子再次强调，如果统治者遵循『道』的原则来治理国家，则『万物将自化』。由于『道』主张无为，所以在万物自化的过程中，有可能贪欲滋生，这时『道』将继续发挥效用，使之回归纯朴，令贪欲不再复生。世界的原初状态就是宁静朴素，所以无所不为的大道会涤除世间所有不符合自然原则的事物。『无为』的目的是剔除贪欲，而其本身也无欲无求，超越了世上一切狭隘和偏见。

原文 **道常无为而无不为。**〇河上公《老子章句》：道以无为为常也。**侯王若能守之，万物将自化。**〇河上公《老子章句》：言侯王若能守道，万物将自化效于己也。**化而欲作①，吾将镇之以无名之朴。**〇王夫之《老子衍》：化者归徼。**无名之朴，夫亦将无欲。**〇王弼《道德真经注》：无欲竞也。**不欲以静，天下将自定。**〇王夫之《老子衍》：正者归妙。

注释 ①化而欲作：欲，欲望、贪欲。作，萌发、出现。化而欲作，意即自我生长，而有贪欲萌生。

譯文 『道』永远是顺其自然无所作为，但任何事却都是由它所为。统治者如果能持守它，万物就会自动教化。教化后就会产生各种欲求，我就用纯朴的大道来镇止。纯朴的大道，将使其回归无欲无求。无欲无求以达到清静，天下将自动安定下来。

讀解心得

老子在《道德经》中多次阐释了『自然无为』的思想，这也是老子思想的核心，主张顺自然、因物性。所谓『无为』，就是使事物保持在其产生之前的『无』的状态。中医有句名言『上工治未病』，就是说高明的医生医治在病前。很多事物都是这样，防患于未然，把问题解决在萌芽状态，看似不经意，其实已经无为而无不为。

老子的『道』是一种哲学，而不是一种宗教，不具有主观意志，主张顺其自然。它创造万物，但又不主宰万物，任凭自然万物顺着自然规律发展、繁衍、消亡，不去妄为。在治国方面，如果王侯能够遵循这个规律，按照『无为而无不为』的法则来施行，而不以个人的意志来妄加干涉的话，那么人民就可以按

汉文帝纳谏赐金

照自身所需，发展生产，安居乐业。这样社会就会安定，天下自然就稳定下来了。

人在自然进化和发展的过程中，一旦产生贪欲，就要用淳朴的大道来镇服它，用『道』来约束人们的欲望，使上下同无贪欲，共处于恬淡虚静的淳朴状态中，社会就会继续安定下去。即『镇之以无名之朴，夫亦将无欲，无欲以静，天下将自定。』在历史上，西汉时期有著名的『文景之治』。汉文帝刘恒即位后，废除残酷的肉刑，治罪仅止本人，不牵连妻儿；诽谤不治，铸钱者除；通关去塞，不孽诸侯，除去一系列秦朝时的乱法，为天下兴利除害，以安海内。他在位期间，一直执行与民休息和轻徭薄赋的政策。他一生都注重简朴。他本人车骑服御之物都没有增添；平时穿戴的都是用粗糙的黑丝绸做的衣服；文帝连为自己预修的陵墓，也要求从简。文帝之子景帝刘启，继续执行『无为而治』的休养生息政策，在政治上奉行『清静恭俭』，促进了社会经济的稳定和发展。人口翻番，国内殷富，府库充实。父子二人共同开创了『文景之治』。

經典事例

缇萦救父

西汉初统治者奉行『黄老』之学中『赏罚信』的思想，要求执法严明，天子，也只是有『执道生法』的权力，而不可以犯法。汉文帝就是这样一位不以个人意志破坏国家律法的皇帝。

有一次，汉文帝出行路过渭桥时，正好有人从桥下走出来，使文帝的马受惊而跑。

廷尉张释之根据汉朝的法律对此人罚四两金，而文帝则要求处死。张释之对文帝说：『国家的法律是皇上和天下人共同制定的，如果我们随意改变法律，就会使天下人对法律失去信任，人们就不知道怎样做才对。』文帝听了，认为廷尉做得很对，于是就立即改悔。

因黄老思想不但要求『君正』，且还要求『法正』，故汉初统治者坚持摒除秦朝遗留的苛法。汉文帝刚即位不久，就废除了『收孥连坐法』，即废除了一人犯罪，全家人都被收为奴婢及受各种株连的法律。这种对旧传统的否定，就是对成法的改革。

汉文帝最重要的法制改革是废除肉刑，改革刑制。这项改革的起因是缇萦救父。文帝十三年，临淄有个名叫淳于缇萦的小姑娘。她的父亲名叫淳于意，原本是个读书人，因为喜好医学，经常给人看病，因此出了名。后来他做了齐国的太仓令，但是他为人耿直，不愿跟做官的来往，也不会对上司阿谀奉承。因此没有多久，他就辞了职，做起医生来了。

有一回，有个商人的妻子得了病，他就请淳于意来医治。病人吃了药之后，病不见好转，过了几天就死了。那个商人倚仗财势向官府告了淳于意一状。当地的官府判他『肉刑』。当时的肉刑主要有劓刑（割去鼻子）、黥刑（脸上刺字）和斩左右趾（砍去左足或右足）。淳于意曾经做过官，所以要由齐地押解到京城长安去受刑。

淳于意生了五个女儿，只是没有儿子。他被押解离开家的时候，望着五个女儿叹息道：『唉，我虽然有这么多女儿，但是没有男孩，遇到危难，一个有用的都没有。』几个女儿都低头痛哭，只有最小的女儿缇萦要求陪着父亲一起去长安，家人再三劝阻也没有用。

缇萦到了长安之后，写了一封信，托人交给汉文帝。文帝听说上书的是一个小姑娘，非常重视。那封信上写着：

『我名叫缇萦，是齐太仓令淳于意的小女儿。我父亲当初做官的时候，齐地的百姓都称赞他是个清官。这次他犯了罪，被处以肉刑。我不但为自己的父亲难过，也为天下所有受肉刑的人感到伤心。因为一个人被砍掉了脚就成了残废；鼻子被割去，就不能再接上去，以后就是真想改过自新，也没有办法了。我愿意被官府收为奴婢，替我

缇萦

西汉初年，名医淳于意被人诬告，被判执行「肉刑」。他最小的女儿缇萦随父去长安，并写信给汉武帝，言辞恳切。汉武帝被她的诚心所打动，于是下令免除了淳于意的刑罚。这件事传为古今一大佳话。

的父亲赎罪，好让他获得改过自新的机会。』

汉文帝看了这封信，非常同情缇萦，同时也觉得她说的很有道理，于是立即召集大臣，对他们说：『犯了罪就应该受罚，这是理所当然的。可是，犯人一旦受了罚，也应当让他重新做人才是。按照现在的法律，惩治一个犯人，在他的脸上刺字或者损坏他的肢体，这怎么能劝人为善呢？看来得商量一个代替肉刑的办法了。』

大臣商议，拟出新办法，肉刑改为打板子。砍足改为打五百板子；原来判割去鼻子的，改为打三百板子。汉文帝正式下令废除了肉刑。就这样，缇萦用她的勇气和智慧救了她的父亲。

汉文帝废除了肉刑，看起来是好事，可是具体执行起来，弊病也不少。有的犯人被打上五百或三百板子，就被打死了，这样一来，反而使刑罚加重。后来到了他的儿子汉景帝即位时，才把打板子的刑罚又减轻了一些。

对于汉文帝废除肉刑，后人有许多评说，大多都非常赞赏文帝的『德政』，认为这是中国法制史上的一次重要变革。

可以说，文帝、景帝在位时，汉朝政治清明，法律也略显宽松，统治者采取休养生息的治国策略，正是因为有了这种『不欲以静』的执政态度，才使得汉初的生产力得到恢复，进而成就了『文景之治』的不世之功。

下篇

生命智慧 蕴藉无穷

老子，我国古代伟大的哲学家、思想家，道家学派创始人。老子晚年乘青牛西去，在函谷关写成了《道德经》（又名《老子》）。关尹得之，终日默诵，如获至宝。

《道德经》分为上下两篇，上篇言宇宙之本根，蕴含天地变化、阴阳变幻之机妙，称《道经》；下篇言处世之方略，蕴含进退之术、长生之道，称《德经》。书中以『道』来解释宇宙万物之演变，含有丰富的朴素辩证法思想及民本思想，含蕴深远。《道德经》、《易经》和《论语》被认为是对中国人影响最为深远的三部经典思想巨著。其学说对中国哲学发展具有深刻影响。

第三十八章

题解 『道』和『德』是老子在全书中重点阐述的核心概念，『德』由『道』生成，受『道』的支配，遵循『道』的主旨行事。在本章中，老子谈到了深为儒家推崇的『仁』、『义』和『礼』，但他对这些道德规范及行为准则的态度与儒家却大相径庭。老子将本章中提到的哲学和伦理道德概念排了次序，『道』当然是处于第一位的，之后依次是『德』、『仁』、『义』和『礼』，其中『德』又有『上德』和『下德』之分。显然，『上德』才是老子所说的由『道』派生出的真正的『德』。上德之人不在意形式上的『德』，下德之人则教条地死守所谓的『德』，所以有道与无道区别就十分明显了。『上德不德』就如『天地不仁』和『圣人不仁』，因为大『道』顺其自然，不需要用仁

儒服儒行

鲁哀公问孔子穿的是不是儒服，孔子说：『君子靠的是博学，服装只是入乡随俗，故不知是不是儒服。』又问儒行，孔子详细介绍了儒者自立、近情、刚毅、自守、宽裕等十几种操行。

义来人为地修饰。

第十八章说：『大道废，有仁义。』法律的产生是为了惩治犯罪，如果没有人犯罪，法律也就失去了存在的意义。老子强调『反朴归真』，认为人间的仁义道德、礼仪制度不过是对失道失德的粉饰。『仁』在失道失德后用来调整人际关系，『义』在『仁』丧失后用来规定人的行为，『礼』在『义』丧失后用来稳定社会秩序。如社会充满和谐与友爱，那要仁义还有什么用呢？

老子看到了社会道德的堕落，却没有探讨其中的原因，一味地强调去仁义是不现实的，因为社会远没有达到老子的理想状态。否认人类文明的进步性显示了其思想保守的一面。但可以肯定的是，无为而治的崇尚自然和去伪存真在今天仍然值得借鉴。

原文 **上德不德[1]，是以有德；下德不失德[2]，是以无德。**〇明太祖《御注道德真经》：大德周给万物不自矜，听其自然，所以有德，即是以有德。下德不失德，是以无德。谓德小而量薄，张其自己之能，反为无德，即是以无德。**上德无为而无以为[3]；**〇王夫之《老子衍》：为之于无曰无以为。**下德为之而有以为。**〇河上公《老子章句》：言为教令，施政事也。言以为己取名号也。〇王夫之《老子衍》：为之于有曰有以为。**上仁为之而无以为；**〇河上公《老子章句》：上仁谓行仁之君，其仁无上，故言上仁。为之者，为人恩也。功成事立，无以执为。**上义为之而有以为。**〇王弼《道德真经注》：爱不能兼，则有抑抗正真而义理之者，忿枉佑直，助彼攻此物事而有以心为矣，故上义为之而有以为也。〇宋徽宗《御解道德真经》：列敌度宜之谓义，以立我以制事，能无为乎？**上礼为之而莫之应，则攘臂而扔之④。**〇王弼《道德真经注》：直不能笃则有游饰修文，礼敬之者，尚好修敬，校责往来，则不对之闲，忿怒生焉。故上礼为之而莫之应，则攘臂而扔之。**故失道而后德，失德而后仁，失仁而后义，失义而后礼。**〇宋徽宗《御解道德真经》：道不可致，故失道而后德。德不可至，故失德而后仁。仁可为也，为则近乎义，故失仁而后义。义可亏也，亏则饰以礼，故失义而后礼。**夫礼者，忠信之薄，而乱之首。**〇河上公《老子章句》：言礼废本治末，忠信日以衰薄。礼者贱质而贵文，故正直日以少，邪乱日以生。〇王弼《道德真经注》：夫礼也，所始首于忠信不笃，通简不阳，责备于表，机微争制，夫仁义发于内，为之犹伪，况务外饰而可久乎。故夫礼者，忠信之薄而乱之首也。**前识者，道之华⑤，而愚之始⑥。**〇王夫之《老子衍》：明非在内，取前境而生，谓之前识。**是以大丈夫处其厚⑦，不居其薄⑧，处其实，不居其华。故去彼取此。**〇王夫之《老子衍》：锐而捷得名者为薄，退而养众始者为厚。

注释 ①上德不德：即具有上等品德的人因为具备自然的品德，所以不刻意表现形式上的品德（如仁、义、礼等）。上德，指具有上等品德并且因循自然的人。老子从居心上来分道、德、仁、义、礼这几个层次。德是『道』的具体体现，因此，德指自然德性，即儿童的纯朴天性。②下德不失德：只具有下德的人自认为没有失去德性，实际

颍考叔大孝至极

颍考叔为颍谷封人，闻之公赐之食，食舍肉。公问之。对曰：『小人有母，皆尝小人之食矣；未尝君之羹，请以遗之。』

上他并没有达到『德』的境界（故老子下文称之为『无德』）。下德与上德相对，指仁、义、礼等德性。老子将德分为上、下两个层次，上德是无心的流露，是与自然同一的品德；下德是有心的产物，是人为的品德，含有勉强的成分，也易产生虚伪。③上德无为而无以为：具有上德者顺其自然无为而治。以，有心、故意。④攘臂而扔之：于是伸出胳膊强迫他人。攘臂，伸出手臂。⑤华：浮华。⑥愚之始：愚昧的开始。⑦处其厚：要敦厚处世。厚，淳厚、敦厚。⑧薄：浅陋，此处指『礼』。

譯文 具有上德者不刻意表现德，所以符合『德』；具有下德者刻意表现德，所以不符合『德』。具有上德者顺其自然无为而治；具有下德者刻意有所作为。崇尚仁的人有所作为，却不是刻意而为；崇尚义的人有所作为确是刻意而为。崇尚礼的人有所作为却无人响应，于是伸出胳膊强迫他人。所以『道』失去后才有『德』，『德』失去后才有『仁』，『仁』失去后才有『义』，『义』失去后才有『礼』。礼是忠信的欠缺，祸乱的开始。有先见之明的人只是『道』的浮华部分，是愚昧的开始。所以大丈夫要敦厚处世，不拘泥于浅陋，脚踏实地，不崇尚浮华。要去浮华而取敦厚之『道』。

讀解心得 在老子眼中，『德』就像智慧一样，也有高低上下之分。上德者，无疑是具有大智慧的人，这样的人智慧与德性全部都在心里，并不需要像孔雀一样招摇过市。按今天的话说就是有自信。这种自信，是从自己内心产生的，任何人也左右不了的。对于外界的褒贬，有则改之，无则加勉，并不会装腔作势，故作姿态。

在老子眼中，守『礼』者是故作姿态之人。老子一贯向往着小国寡民的世界，那个世界里，到处存在着仁与义，人与人之间也会保持着相当单纯的关系，但是这种世界是不可能存在的，当世界越来越进步，人们的思维变得越来越灵活，人与人之间想要沟通与交流，不得不用『礼』去约束，而在老子眼中，那种『礼』是虚伪而做作的。

但是不得不说，时代在进步，老子心目中那个小国寡民的净土永远也不会出现了。

經典事例

郑伯克段于鄢

春秋时期，郑武公娶了申国的武姜为妻，武姜生下庄公和共叔段。庄公出生的时候出现了异常情况，脚先出来，武姜因此受到惊吓，就给他取名为『寤生』，对他非常厌恶。武姜十分偏爱共叔段，想立他为世子，还曾经多次向武公请求，可是武公没有答应。

庄公即位以后，在武姜的要求之下，把京邑封给了共叔段，人们都称他为京城太叔。大夫祭仲对庄公说：『都城城墙如果超过三百丈长，就会成为国家的祸患。按照先王的制度，国中最大的城邑不能超过都城的三分之一，中等的不能超过都城的五分之一，小的不能超过都城的九分之一。如今，京邑城墙不符合规矩，怕是会对您有所不利。』庄公说：『既然姜氏想要这样，我又怎么能避开祸患呢？』祭仲向庄公建议：『姜氏没有满足的时候，不如趁早处置，千万不要让祸根蔓延，否则就难办了。蔓延开的野草尚且不能铲除干净，更何况是您的弟弟呢？』庄公说：『多行不义必自毙，你等着瞧吧。』

没过多久，太叔段使原本属于郑国的西部和北部的边邑也归为自己所有。大夫公子吕对庄公说：『一个国家不能有两个君主，您现在打算怎么办？您如果想把郑国交给太叔管理，那么我就去辅佐他；如果不想让他当权，就请尽快除掉他，千万不要使臣民产生疑惑。』庄公说：『我不必除掉他，他自己就会遭到灾祸。』后来，太叔又变本加厉地扩充自己的土地。公子吕对庄公说：『现在应该行动了！他的土地扩大了，将要得到百姓的拥护。』庄公说：『他对君主不讲忠义，对兄长不讲亲情，即使土地扩大了，他也会失败的。』

太叔一边加固城池，一边训练军队，并准备好兵马战车，准备偷袭郑国。武姜则与他商量好要开城门做内应。庄公得知这一情况之后，说：『现在可以出击了！』于是命令子封率兵讨伐京邑。京邑的百姓都背叛了太叔段，于是太叔段就逃到鄢城。庄公又下令追到鄢城讨伐他。后来太叔段逃到了共国。

战胜共叔段之后，庄公命人把武姜安置在城颍，并且对天发誓：『不到黄泉，就不与她见面！』可是过了一段时间，庄公却后悔了。

有个人名叫颍考叔，是在颍谷管理疆界的官吏，他听说这件事，就来到都城，把贡品献给庄公。庄公很高兴，就赐给他饭食。颍考叔吃饭时，故意把肉留着。庄公不解，就问他为什么这样做。颍考叔回答：『小人家中有老母亲，我平时吃的东西她都品尝过，但是从来没有尝过君王赐给的肉羹，我打算带回去给她吃。』庄公听了无限感慨：『你还有母亲可以孝敬，而我就没有！』颍考叔问道：『请问您这话是什么意思？』庄公就把原委告诉了他，还向他表明了自己后悔的心情。颍考叔说：『您不必担心，只要挖出一条地道，见到泉水，母子二人在地道中相见，还会有谁说您违背了誓言呢？』

庄公听了很高兴，就依照他的建议做了。

庄公走到地道中与武姜相见，从此，他们又恢复了过去的母子关系。

《春秋》把郑庄公称为『郑伯』，是讥讽他对自己的弟弟共叔段失教，因为赶走共叔段是郑庄公的本意。后来郑庄公与母亲武姜相见，也是出于一种对亲情的虚伪维护。

因此，按照老子的说法，郑庄公就是『下德不失德，是以无德』的代表。

第三十九章

题解 本章可以分为两部分，第一部分阐述了『道』对天地万物的巨大影响，『一』既是『道生一』的『一』，也是『抱一为天下式』的『一』。老子的思想虽然强调辩证，但并不属于二元论，因为大『道』是唯一的。第二部分说的还是『反朴归真』，因为这才符合『道』的本质。

原文 **昔之得一者①，**〇河上公《老子章句》：昔，往也。一，无为，道之子也。〇唐玄宗《御注道德真经》：一者，道之和，谓冲气也。以其妙用在物为一，故谓之一尔。**天得一以清，地得一以宁，神得一以灵，谷得一以盈，万物得一以生，侯王得一以为天下贞②。其致之也。**〇王夫之《老子衍》：谷虚而受万，故曰盈。愚者仍乎『一』，而不能『以』；智者曰『以』之，而不能『一』。『以』者失『一』也，不『一』者无『以』也。『一』含万，入万而不与万为对。『以』无事，有事而不与事为丽。而况可邀，而况可执乎？是以酒熟而酤者至，舍葺而行者休。我不『得一』，而姑守其浊，以为之筐橐，而后『一』可『致』而不拒。**天无以清将恐裂③，地无以宁将恐发④，神无以灵将恐歇⑤，谷无以盈⑥将恐竭⑦，万物无以生将恐灭，侯王无以贞而贵高将恐蹶⑧。**〇王弼《道德真经注》：用一以致清耳，非用清以清也。守一则清不失，用清则恐裂也。故为功之母，不可舍也。是以皆无用其功，恐丧其本也。清不能为清，盈不能为盈，皆有其母以存其形，故清不足贵，盈

国本惠民

唐太宗谓公卿曰：『人欲自见其形，必资明镜；君欲自知其过，必待忠臣。苟其君愎谏自贤，其臣阿谀顺旨，君既失国，臣岂能独全！』

唐明皇射鹤

天宝十三年重阳日，唐玄宗射猎于长安沙苑，云间有孤鹤回翔，兴起亲御弧矢射之，箭中孤鹤。

不足多，贵在其母，而母无贵形。**故贵以贱为本，高以下为基。是以侯王自称孤、寡、不谷⑨。此非以贱为本邪？非乎？**〇王夫之《老子衍》：夫贵贱高下之与『一』均，岂有当哉？乃贵高者功名之府，而贱下者未有成也。功立而不相兼，名定而不相通，则万且不尽，而况于『一』？故天地之理亏，而王侯之道丧。**故至誉无誉⑩，不欲琭琭如玉⑪，珞珞如石⑫。**〇王夫之《老子衍》：以大『舆』载天下者，知所取舍久矣。李息斋曰：轮盖辐轸，会而为车，物物有名，而车不可名。仁义礼智，合而为道，仁义可名，而道不可名。苟有可执，使其迹外见，贵者如玉，贱者如石，可以指名，而人始得贵贱之矣。

①昔之得一者：意即古来得到『道』这个『一』的。一，指『道』，是『道』的别名。②贞：首领。③天无以清将恐裂：天不清明就要崩裂。无以，相当于无已。

已，停止、完毕。④发：陷塌。⑤歇：消失。⑥谷：河谷。⑦竭：尽，乾。⑧蹶：跌倒，引申为挫折、失败。⑨孤、寡、不谷：都是侯王对自己的谦称。孤，意思是说自己孤单，有争取臣民拥护的意思。寡，与孤相似。不谷，有不善的意思。⑩至誉无誉：至誉，最高的赞誉。无誉，无须赞誉。⑪琭琭如玉：像玉那样华美。琭琭，形容玉的华美。⑫珞珞：形容石块的坚实。『不欲琭琭如玉，(而宁)珞珞为石』是老子心目中理想的有道君主的形象，也就是说为政者要能『处下』、『居后』、『谦卑』，要像大厦的基石一般坚忍朴质。

譯文 以前得道的情况是，天得道而清明，地得道而宁静，神得道而灵验，峡谷得道而充盈，万物得道而生长，统治者得道而稳守天下。由此可知，天不清明就会崩裂，地不宁静就会塌陷，神不灵验就会消亡，峡谷不充盈就会干涸，万物不生长就会灭绝，统治者的国家不稳定就会倾覆。所以高贵把卑贱作为根本，高大以低下为基础。因此统治者自称『孤』、『寡』、『不谷』。难道这不是把卑贱当做根本吗？不是吗？所以最高的赞誉就是没有赞誉，不要像美玉一样华丽，要像顽石一样朴质坚硬。

讀解心得 在《道德经》里，老子已经证明了『道』的存在价值。没有『道』，万物都难生长，没有『道』，天地神灵也都将消失，没有道，国家也会灭亡。这就是万物为何都要遵守『道』的原因。

在《道德经》中，老子常用『一』来代代称『道』，如二十二章的『圣人抱一为天下式』。『一』本是万物之本，原始而初蒙，这跟老子追求的『道』的境界有着本质的相似，在此章中，老子连续七个『一』字，可见其深意。

关于『一』的解释，老子在后面做了结论，他认为高贵的根本是先要懂得卑贱。这个思想，老子是一以贯之的。有一个词叫做『周而复始』，字面的意思是事物都是循环往复的。我们不妨从深一层的意思来理解它，任何事物在运行了一周后都会回到原点。而它无论已运行多远，总是要从原点开始。

老子在这里为人们敲着警钟，总是高高在上，一旦摔下来就会很疼。老子说，『贵以贱为本，高以下为基』。王侯将相，想要自己的基业百年不衰，应该认识到『贱』、『下』是自己的根基。人生在世，不必要处处光鲜，有的时候，还是质朴一些更好，也不必事事强硬，坚持己见，有的时候还是放松下来对自己更好。真正得『道』的人，懂得藏拙，懂得从『一』做起。

經典事例

约法三章

秦二世在位时，天下的百姓不堪忍受秦朝的苛政，纷纷揭竿而起。首先是陈胜、吴广起义，后来又有项梁、项羽率领的楚人起义，刘邦也趁机率兵反秦。经过多年战争，形成项羽和刘邦楚汉相争的局面，最后竟然是实力较弱的刘邦统一了天下。

项羽所统领的楚军，是当时实力最强的一支队伍。项羽为了笼络人心，把原来的楚王之后立为楚怀王。当时楚怀王与项羽等人相约，谁最先打下秦朝都城咸阳，谁就做『关中王』。

关中地区是当时全国的政治、经济最为发达的地方，秦始皇就是以关中地区为阵地统一天下的。所以，各路人马都想得到关中这块宝地。

此时的刘邦只有不到两万人马，竟然鬼使神差地第一个打入关中，攻下咸阳。他于是美滋滋地住进了富丽堂皇的阿房宫。

刘邦手下有几位极有眼光的贤臣，他们马上劝告刘邦，告诉他不要贪恋眼前的享受，而要以收买民心为重。

刘邦是个聪明人，他听了张良等人的劝告之后，马上离开了阿房宫。他看到当地百姓不堪忍受秦朝时的繁重刑法，就下令把秦法全部废掉。

他又召集来各县父老，宣布『约法三章』：第一，杀人者判死刑；第二，伤人者判罪；第三，偷盗者判罪。

『约法三章』一公布，立刻受到百姓的欢迎，人们都说刘邦是个贤德的君主，希望他能够领导关中地区。

项羽听说刘邦竟然抢先攻下咸阳，十分气愤。他的谋士范增听说刘邦到了咸阳以后，既不贪财，也不好色，估计他是今后唯一一个与项羽争天下的人，于是就极力怂恿项羽将刘邦杀掉。为此，项羽设下『鸿门宴』，想要借机杀掉刘邦。可是，在鸿门宴上，项羽却心怀妇人之仁，不听范增的话，放走了刘邦。刘邦这才得以保全性命。由于项羽军队实力最强，所以在各路义军当中什么都由他说了算。在后来分封诸侯的大会上，他分了十八个王。他为了防备刘邦，就把刘邦封为汉王，统管巴、蜀、汉中等地，并在关中地区另外封了三个王，以钳制刘邦。刘邦心里虽然十分气愤，但又不敢提出反对意见，只好忍气吞声地接受了项羽的安排。

刘邦到了封地后，又实行起『约法三章』的政策，因此深得民心。他身边又有萧何、张良两位贤臣为他出谋划策，所以他虽然与项羽数战数败，但始终都有不断再战的资本。

项羽则不然，他刚愎自用，不听范增的忠告，使得自己身边的谋臣武将越来越少。最后楚汉相争的局势发生了逆转，刘邦依靠身边众多贤臣的帮助和治下百姓的支持，终于消灭了不可一世的霸王项羽，建立了汉室江山。

从刘邦『约法三章』的举动可以看出，他正是在谋臣的启发之下看到了君主应『以贱为本』，才以怀柔之法使自己的实力得到迅速提高。刘邦广揽贤才，而这些贤德之士在一定程度上也属于他的『百姓』，由此更可以看出人民群众对于巩固统治的重要作用。

第四十章

题解 『有』和『无』也是老子经常提到的哲学概念。天地万物属于有形的物质，所以理解为『天下万物生于有』，而『道』是恍惚、寂寥的，无声无形的，因为老子认为『道』是世界的本原，所以可以理解为『有生于无』。第二十五章说大道『独立而不改，周行而不殆』，道德运行是永恒的，并且与世间万物相互转化，真正的强者常常是居于弱势的。

原文 **反者道之动①，弱者道之用②。**○河上公《老子章句》：反，本也。本者，道之所以动，动生万物，背之则亡也。柔弱者，道之所常用，故能常久。○王弼《道德真经注》：高以下为基，贵以贱为本，有以无为用，此其反也。动皆知其所无，则物通矣。故曰，反者道之动也。柔弱同通，不可穷极。**天下万物生于有，有生于无。**○王弼《道德真经注》：天下之物皆以有为生，有之所始，以无为本，将欲全有，必反于无也。○王夫之《老子衍》：道息于无，非反乎？迭上者，非动乎？赵志坚曰：物虽未形，已有是气。天地万物从一气而生，一气从道而生。

注释 ①道之动：『道』的运行规律。②弱者道之用：柔弱是『道』的作用，这是形容『道』在运作时并不带有压力。弱，柔弱。

译文 『道』的运行是循环往复的，它的作用表现为柔弱无力。天下万物产生于有形物质，有形物质又产生于无形的『道』。

读解心得 数千年前老子留下五千言论道，而后乘青牛，出函谷，翩然而去，不知所踪。在只有简牍的时代，《道德经》堪称惜墨如金，短短篇幅述尽了万物的规律，始终以其玄奥而著称于世。在极端精炼的《道德经》中，本章又可以说是各篇章中更为短小的。

反者道之动：一个『反』字涵盖了多重意思，包括与『正』相对的相反，还有还归，返回等，引申一下还有往返重复的意思。

最常见的一种观点将『反』字解释为：规律运动的反向性，即人们常说的物极必反。相应的，『反者道之动』就可以理解为：运动的规律是向着循环往复的方向发展的。比如说人的生与死。人的出生是一个起点，以后每过一秒，都是向死亡这个终点迈进。生存的时间越长，距离死亡也就越近。因此对于『生』这一点来说，运动的规律也就是『道』，总是向着相反的方向发展的。而这种反向运动实质上是事物内部『生』、『死』两种力量此消彼长的量变，生命存在的过程就是死亡因素不断堆积的过程，量变积累到一定数量，自然会形成死亡的质变。

第二种观点认为『反』通『返』，有回归之义，比如从冬至夏表示向一个方向运动，从夏至冬光阴不曾停止却又回到了最初的起点，完成了一个运转的周期，从而构成了一个『返』。再如经济运行脱离正常轨道堕入危机的深渊，这是反向运动；然而一旦危机爆发，各种力量的均势被打破，格局开始重组，新的平衡重新建立，所谓的『返』

便在从危机到平衡的第二个反向运动中完成了它的周期。又或是古人说『月有阴晴圆缺』，新月渐圆，满月渐缺，都是一种『返』，是『道』的运行，亦即事物循环往复的必然发展规律。

第三种观点是说『反』这里有相反相成的蕴义，就是指两个对立事物既互相排斥又互相促成，中医所说的『善补阳者当阴中求阳，善补阴者当阳中求阴』就深通此道，

田单火牛阵破敌

田单为齐国名将，因在战国后期，凭借孤城即墨，由坚守防御转入反攻，一举击败燕军，收复国土，成就了这次著名战役。后被赵国重用为将相。

路遥知马力

真正的朋友并不在于巧言令色，而贵在心灵相通，所谓『路遥知马力，日久见人心』。

透彻地说明相反的东西也相互依赖，具有同一性。

弱者道之用：『用』是指物质使用的效果。老子认为『道』的表象和作用应该是微妙而柔弱的。弱的对立面是强。一般情况下，人们总是善于利用自己的长处和优势地位，压倒性地实现自己的目标。但老子认为强不是长久之道，『弱者道之用』显然是在强调『道』易被人们忽视的『弱』的一面的影响力，他认为柔弱最终可以胜刚强。老子在这里强调『弱』是道的基本属性，『道』在运行过程中并不是强势而富于压力的，它的本质是柔和、天成，顺乎万物，即『道法自然』。任何事物的初始状态往往是弱小的，经过一段时间的发展和完善才能强大起来，而盛极之后接踵而至的又是衰弱。追根究底『强』只是弱的变化，比如人类刚出生的时候是弱小的婴儿，数十年以后才能到达强盛的壮年时期，然而五十岁以后逐步衰老，再一次进入『弱』的状态。因此从事物的发展过程来看，『弱』无疑是事物的一种本质属性。

平心而论，每个人都有自身的弱点，然而只要善加利用，示弱往往成为事件的转机所在。拥有这种大智慧的人历史上不乏先例，勾践如是，孙膑如是。

天下万物生于有，有生于无：这是《道德经》中提出的一个重要的理论。此处『无』并不是说空洞的虚无，而是指天地初始之时，宇宙中一无所有，一片静寂严寒。这种毫无生机的天地之始被命名为『无』。与之相应，可生成万物的母体和衍生机制在运动中发生变化而具有生机，有了生成万物的条件，故给万物之母命名为『有』。

这句话旨在阐述『有』、『无』相生，老子更在《道德经》中开宗明义地讲过『有、无两者同出而异名，同谓之玄』。『玄』者，即奇妙变化，是自然的不同表现，虽然看上去幽冥莫测、虚而不实，其实完全符合现代物理学对于宇宙物质演变的推演。

經典事例

路遥知马力

『路遥知马力』是一则流传甚广的民间故事。

路遥和马力从小就是好朋友。路遥的父亲是一位富商，马力的父亲在路遥家里做仆人。路遥和马力虽然是主仆关系，但两人的关系非常好，他们自幼就一起读书、玩耍。

两人成年以后，到了该结婚的年龄。路遥家有钱有势，对婚姻大事从不犯愁。而马力则贫困潦倒，因此一直没有人向他提亲。

一次有个媒人为马力提亲，马力非常高兴，但是要求价格昂贵的彩礼。马力没有办法，只好请路遥帮助，路遥说：『借你钱可以，但是结婚入洞房的前三天得由我来替你。』马力听了十分恼火，但是又没有别的办法，自己总不能打一辈子光棍，只好同意了路遥的条件，选好了日子举行婚礼。

马力痛苦地熬过三天，第四天该他入洞房了，心里懊恼不已。天一黑，马力就钻进洞房，栽倒在床上，拉被蒙头就睡。旁边的新娘子问道：『夫君，你为何前三夜都通宵读书，今晚却蒙头大睡？』这时马力才知道，原来路遥和他开了个玩笑，自己被有钱的朋友戏弄了。马力当即发誓要刻苦攻读，考取功名。马力经过不懈努力，果真考取了功名，在京城当了大官。

路遥生性豪放，为人侠肝义胆，最后却坐吃山空。路遥看到自己实在无法度日，就想起了他曾经资助过的朋友马力，于是和妻子商量，想要进京找他帮助。

路遥费了很大力气才找到马力。马力见到路遥十分高兴，设酒宴盛情款待。路遥说明了来意，马力却不停地让酒布菜，没有任何想帮助他的意思，路遥很是气恼。

过了十天，马力说：『路兄，你还是回家吧，免得嫂夫人挂念！』路遥只好气愤沮丧地回了家。路遥还没进自家院门，就听见家里哭成一片。他急忙进来，只见妻儿正守着一口棺材痛哭不止，一见路遥进来，家人一阵惊讶。原来，前一天马力派人送来棺材说：路遥到了京城以后，得暴病而死。路遥听了更加恼怒，就打开了棺材盖子，往里一看，装满了金银财宝，里面还有一张纸条，上面写着：你骗我三日，我瞒你一旬。路遥知马力，日久见人心。

真正的朋友并不在于巧言令色，而贵在心灵相通。在马力困顿之时，路遥仗义疏财；而当路遥落魄时，马力又以重金相报。『反者道之动』，二人彼此之间的帮助是互为因果的，虽然他们的交往有一些荒诞的情节，但更表明了他们友情的纯真。

第四十一章

题解 本章重点描述『道』。在《道德经》中，老子从不直接描述『道』的概念或者定义，而是通过比较的方式，以间接描述来揭示『道』的真谛。本章首先描述了『上士』、『中士』、『下士』三种人听到『道』以后的反应。然后借『建言』来描述『道』的内涵：通过明和昧，进和退，白和辱等几组有对立统一关系的概念来界定『道』。最后一句，揭示了『道』的重要性。本章充分体现了《道德经》的辩证法思想，包孕着无限的智慧。

原文 **上士闻道，勤而行之①；**〇宋徽宗《御解道德真经》：士志于道者也，上士闻道，真积力久，至诚不息。〇明太祖《御注道德真经》：所以古圣人终世而行道，日夕而持之，不敢有慢。**中士闻道，若存若亡②；**〇河上公《老子章句》：中士闻道，治身以长存，治国以太平，欣然而存之，退见财色荣誉，惑于情欲，而复亡之也。〇唐玄宗《御注道德真经》：中士可上可下，故疑。疑则若存若亡。**下士闻道，大笑之。不笑，不足以为道。**〇河上公《老子章句》：下士贪狠多欲，见道柔弱，谓之恐惧，见道质朴，谓之鄙陋，故大笑之。不为下士所笑，不足以名为道。〇唐玄宗《御注道德真经》：迷而不信，故笑。不为下士所笑，不足以为玄妙至道也。**故建言有之③：明道若昧④，进道若退，夷道若颣⑤，**〇王弼《道德真经注》：建，犹立也。光而不耀。后其身而身先，外其身而身存。颣，也。大夷之道，因物之性，不执平以割物，其平不见，乃更反若颣也。○王夫之《老子衍》：在牛为牛，在马为马，类也。我道大似不肖，何类之有？然唯非马非牛，而亦可马可牛，何不类之有。**上德若谷⑥，大白若辱⑦，广德若不足⑧，建德若偷⑨，质真若渝⑩。**○王弼《道德真经注》：不德其德，无所怀也。知其白，守其黑，大白然后乃得。广德不盈，廓然无形，不可满也。偷，匹也。建德者，因物自然，不立不施，故若偷匹。质真者，不矜其真，故渝。**大方无隅⑪，大器晚成，大音希声，大象无形，**○河上公《老子章句》：大方正之人，无委屈廉隅。大器之人，若九鼎瑚琏，不可卒成也。大音犹雷霆待时而动，喻当爱气希言也。大法象之人，质朴无形容。○唐玄宗《御注道德真经》：不小立圭角。且无近功。不饰小言说。故能应万类也。**道隐无名。夫唯道，善贷且成⑫。**○河上公《老子章句》：道潜隐，使人无能指名也。成，就也。言道善禀贷人精气，且成就之也。○陈致虚《道德经转语偈》：大象无形道隐名，形名总不向人呈。如今闻者皆应笑，夫唯道善贷且成。

注释 ①勤：积极。②若存若亡：意为有时想起，有时忘掉。存，留在心里。亡，同『忘』。若，相当于『或』，有时的意思。③建言：有几种解释：一说建言是书名，老子引用其中的话；一说建言可能是古代现成的谚语、歌谣等；一说建言就是立言、设言，意思是通常有这样的说法。④明道若昧：明显的『道』好像很暗昧而不容易看见。昧，暗昧。⑤夷道若颣：夷，平坦。颣，崎岖、不平坦。⑥上德若谷：上德，崇高的

『德』。谷，低下的山谷。⑦大白若辱：辱，黑垢。大白，最白。⑧广德：高深广大的德行。⑨建德若偷：建德，刚健的『德』。偷，怠惰、松松垮垮的样子。⑩渝：通『窬』，空虚的意思。⑪大方无隅：最方正的却没有棱角。大方，最方正。隅，角。⑫善贷且成：指『道』善于施予万物，并且善于成就万物。贷，施予。成，成就、成全。

譯文 悟性最好的人听了道的理论，就积极努力地去实践；悟性一般的人听了道的理论，有时候相信，有时候不相信；悟性很差的人听了道的理论，就会大笑起来。不被嘲笑，就不足以称为『道』了。所以古代的时候经常流传着这样的话：明显的『道』看起来好像很暗昧；前进的『道』看起来好像在后退；平坦的『道』看起来好像很崎岖；崇高的『德』看起来好像空虚的样子；最洁白的东西，看起来好像有污点的样子；最广大的『德』看起来好似不足的样子；刚健的『德』看起来好像怠惰的样子；充实的『德』看起来好像虚无的样子。最方正的东西，反而没有棱角；最贵重的东西，总是最后才完成；最美妙的音乐，反而听来只有几个很简单的音符；最大的形象，反而看不见它的形体。真正的『道』是隐微而没有名称的。只有『道』，能够生发万物而且成就万物。

讀解心得 一提到《道德经》，人们首先想起的应该就是那句『道可道，非常道』了。这句话的意思就是说，如果『道』可以被明确地描述出来，那么它就不是永恒的『道』了。在这里，老子其实在逻辑上给自己开了个小差儿。因为在《道德经》中，老子反复地强调『道』是世界的本源，但是老子又说如果能够被明确表述出来的东西就不是那个『道』了。在《道德经》中，老子对『道』进行了极尽能事地间接描述，但是『道』究竟是个什么样子的恐怕连老子自己也不是特别清楚。

这个章节中首先描述了不同的人听到『道』以后做出来的不同的反应，而老子究竟是根据什么把人分为『上士』、『中士』、『下士』的我们已经不得而知。现在比较流行的有两种观点，一种认为这里是把人按照社会地位分为统治者、一般人和下层平民；还有一种观点认为这里分别指的是上等的士人、中等的士人和下等的士人。如果我们仔细观察就不难发现，其实老子在这里是依据『悟性』来划分人的等级的。所谓『上士』就是指悟性高的人，所谓『中士』就是指悟性一般的人，所谓『下士』就是指悟性低的人。『道』先天地而生，无为而无不为，是没有高低贵贱之分的。高高在上的统治者未必能够完全理解『道』的内涵，平常的市井平民也未必不能领悟『道』的真谛。所以在老子的思想体系里，人是没有地位高低之分，只有悟性高低之分。悟性高的人能够很深刻地体悟『道』，由此就会积极努力地去实践『道』；悟性一般的人听了『道』以后不会理解得很深刻，因此会时而怀疑，时而践行；悟性低的人根本无法理解『道』的内涵，所以就会嘲笑『道』并且不相信。老子认为，如果是大家都很相信的道理，那一定不是『道』。所以不被嘲笑就不足以被称作『道』了。

真正永恒的『道』通常跟我们日常的生活经验是相反的。所以老子在这一章节里说：『明道若昧；进道若退；夷道若颣；上德若谷；广德若不足；建德若偷；质真若渝。』

北京奥运会的颁奖音乐『金声玉振』的创作者谭盾在谈创作灵感的来源时曾反复提到《道德经》中的『大音希声』所反映出来的哲学意蕴，实际上几个简单的音符就可以奏出和谐美妙的音乐，真正壮美的音乐是不需要频繁地运用复杂技巧的。实际上这里还提出了辩证法的矛盾转化思想，那就是一种事物到达了极致以后会向相反的方向转化，所以才会说：『大白若辱；大方无隅；大器晚成；大音希声；大象无形……』。

經典事例

任公子钓大鱼

《庄子·外物》中有一则任公子钓鱼的寓言。

古时有一位胸怀大志的任公子，他做了一个极大的鱼钩，并用一根很粗的绳子把鱼钩系牢，然后，用五十头牛做鱼饵，挂在了鱼钩上。

任公子坐在巍峨的会稽山上，他把钓钩抛进广阔的东海里。时间一天天过去了，但一直没有动静。这样过了一年，他也没有钓到鱼，可他还是一如既往地坐在会稽山上，任凭风吹雨打，也毫不动摇。

又过了很久，突然有一天，东海有一条大鱼游了过来，一口就把钓饵吞了下去。这条大鱼疼得狂跳乱奔，在海中上下翻腾，掀起了层层巨浪。海水震荡，啸声雷鸣，巨大的威势使远在千里之外的人们听了都感到心惊肉跳。

最后，任公子终于征服了筋疲力尽的大鱼。他把鱼切成块，晒成干，又把这些鱼肉干分给大家共同享用。

很多年以后，一些既没有真本事又喜欢道听途说、品头论足的人，都用惊奇的口气传扬这件事情，还表示非常怀疑。因为这些目光短浅、胸无大志的人，只知道用普通的鱼竿，到小河边去盯着鲵鲋之类的小鱼，他们这些人要像任公子那样钓到大鱼，是根本不可能的。

见识浅陋的人不能真正理解『得道』者的远大志向，就像那些只会钓小鱼的人怀疑任公子一样。也正是因为人们处在不同层次之上，才有了『上士』、『中士』、『下士』的区别，同时也有了这三种人对于『道』的不同看法。

大器晚成

姜子牙是商朝末年人，他的始祖辅佐大禹治水有功而被封于吕地。到姜子牙出世时，家境已经衰落了，因此姜子牙年轻的时候做过宰牛贩肉的屠夫，也开过酒店，以此勉强度日。姜子牙虽然贫穷，但志向远大，无论是宰牛还是做生意，他始终刻苦地学习天文地理、兵书战策，研究治国安邦的学问，希望有一天能为国家效力，施展才华。但是一直没有这样的机会。

姜子牙晚年常在小溪旁垂钓。别人钓鱼，用的都是弯钩，上面挂着有香味的饵料，然后把鱼钩沉在水中，诱骗鱼儿上钩。而姜子牙的鱼钩却是直的，上面不放鱼饵，也不沉入水中，而且离水面有三尺高。他一边高高举着钓竿，一边自言自语地说：『不想活的鱼儿，你们要是愿意的话，就请自己上钩吧！』

一天，有个樵夫来到溪边，见姜子牙用不放饵料的直钩在水面上钓鱼，感到十分不解，就对他说：『老先生，像你这样，就算过一百年也钓不上一条鱼啊！』

姜子牙举了举钓竿，笑着说：『跟你说实话吧，我并不是为了钓鱼，而是为了有一天能钓到王与侯！』

姜子牙这种奇特的钓鱼方法，终于传到了周部落的英明领袖周文王姬昌那里。文王知道后，派了一名士兵去叫他过来。但姜子牙对这个士兵并不理睬，只顾钓鱼，还自

姜尚垂钓

相传殷末姜尚避纣王暴政，隐居于磻溪垂钓以待名主。

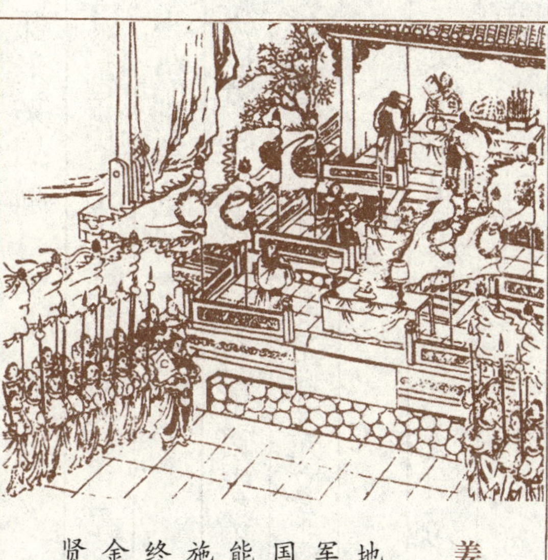

姜子牙金台拜将

姜子牙勤奋刻苦地学习天文地理、军事谋略，研究治国安邦之道，期望能有一天才华得以施展。年至耄耋，终获得周武王重用，金台拜将成就一代贤相之名。

言自语地说道：『钓啊钓，鱼儿不上钩，虾米来胡闹！』

文王听了这个士兵的禀报后，又改派一名官员去请姜子牙来。可是姜子牙仍然不答理，边钓边说：『钓啊钓，大鱼没上钩，小鱼别胡闹！』

文王这时才意识到，这个垂钓者必定是位贤才，自己只有亲自去请他才对。于是他斋戒了三天，沐浴更衣，携带厚礼，前去聘请姜子牙。姜子牙见文王诚心诚意来请自己，就答应为他效力。

周文王认定姜子牙是当世难得的贤才，便任命他专管军事，又因为他是自己的祖父生前日夜渴望的人，便尊称他为『太公望』。

后来，姜子牙辅佐文王兴邦立国。文王死后，他尽心竭力地辅佐武王姬发，帮助武王灭商兴周，为奠定周家八百年基业立下了汗马功劳。

姜太公年轻时怀才不遇，直到晚年才被明主发现，从而实现了自己的政治理想，因此，他可称得上是『大器晚成』者的典范。胸怀大志者要想成功，必然要走一条不同寻常的路，这就是得道者的品格。

第四十二章

题解 本章首先论述了天地万物的生成过程。老子认为天地的本源就是『道』。由『道』推衍开来，才有了『一』，有了『二』，有了『三』，进而有了『万物』。本章后一部分同样是《道德经》辩证法思想的体现，人类的人性中厌恶的『孤、寡、不谷』这些状态，帝王们居然用这些来称呼自己，这也许也是现代人精神困境产生的源头，值得引起我们的思考。本章的最后，老子提出了把『强梁者不得其死』作为最基本的道理，从中我们可以看出《道德经》中体现出的柔弱无为的处世哲学。

原文 **道生一①，一生二②，二生三③，三生万物。**〇河上公《老子章句》：道使所生者一也。一生阴与阳也。阴阳生和、清、浊三气，分为天地人也。天地人共生万物也，天施地化，人长养之也。〇王夫之《老子衍》：冲气为和，既为和矣，遂以有阴阳。冲气与阴阳为二，阴阳复二而为三。当其为道也，函『三』以为『一』，则生之盛者不可窥，而其极至少。**万物负阴而抱阳④，冲气以为和⑤。**〇河上公《老子章句》：万物无不负阴而向阳，回心而就日。万物中皆有元气，得以和柔，若胸中有藏，骨中有髓，草木中有空虚与气通，故得久生也。〇王弼《道德真经注》：过此以往，非道之流，故万物之生，吾知其主，虽有万形，冲气一焉。**人之所恶，唯孤、寡、不谷，而王公以为称⑥。**〇河上公《老子章句》：孤寡不毂者，不祥之名，而王公以为称者，处谦卑，法空虚和柔。〇王弼《道德真经注》：百姓有心，异国殊风，而得一者，王侯主焉。**故物或损之而益**⑦，**或益之而损**。○唐玄宗《御注道德真经》：自损者，人益之。自益者，人损之。○明太祖《御注道德真经》：又以盛衰以比损益，云常道也。**人之所教**⑧，**我亦教之**。○河上公《老子章句》：谓众人所教，去弱为强，去柔为刚。言我教众人，使去强为弱，去柔为刚。○宋徽宗《御解道德真经》：以强制弱，以刚胜柔，人之所教也。我之所教，则异乎此。**强梁者不得其死**⑨，**吾将以为教父**⑩。○王弼《道德真经注》：强梁则必不得其死。人相教为强梁，则必如我之教人不当为强梁也。举其强梁不得其死以教邪。若云顺吾教之必吉也，故得其违教之徒，适可以为教父也。

注释 ①一：指『道』。②二：指阴、阳二气，也就是天、地。③二生三：有了阴阳，很多东西就产生出来了。三，有几种说法：一说指阴、阳和气；一说指由阴、阳二气相合而形成的一种匀调和谐的状态；一说三不是实指，而是多数的意思。④负阴而抱阳：背阴而向阳。负，在背后。抱，在胸前。⑤冲气以为和：阴阳二气相互激荡交流而成为一种匀调和谐的状态。冲，激荡、交流的意思。和，指阴阳相合的和谐匀调状态；还有一种说法，和指阴阳相激荡而产生的另一种气。⑥以为称：用这些字眼作为自称。⑦故物或损之而益：或，有时。损之而益，意即损害它，它却反而得到增益。⑧人之所教：人们用来教人的话。⑨强梁者不得其死：太过强悍的人不得好死。强梁者，强悍的人。不得其死，不得好死的意思。⑩教父：即教首、教的开头，亦即教人的头一条。父，一家之首叫父。

譯文 『道』，先天地而生，独立统一，『道』这个统一体中再生出阴阳二气，这阴阳二气相交而形成更多的事物，由这些事物推衍开来形成这世间的万事万物。万物背阴而向阳，就是在这阴阳二气的互相激荡中产生新的和谐统一体。人们最厌恶的就是『孤』、『寡』、『不谷』这些状态，但统治者却用这些名称来称呼自己。所以这世上的万事万物，有时候减损它，它反而得到增加；有时候增加它，它反而有所减少。别人用这样的人生道理教导我，我也用那些话去教导别人。争强好胜的人不能寿终正寝，我将把这作为教人的最基本的道理。

讀解心得 各家各派学者历来对『道』的内涵争论不休，因此『道』被蒙上了一层神秘的面纱，『道』变得不可捉摸了。但是实际上，『道』就在那里，它是非常质朴、非常平常的东西。大道初行，混沌初开，由『道』作为始基推衍开来，生发万物，道无所为而又无所不为。

『强梁者不得其死』的道理发人深省，到后来庄子把这种思想发展成为无用的人才能安享天年的思想。很多人把这种思想看作是遁隐山林，消极避世的处事态度；实际上老子的意思是劝诫人们不要把自己放在首当其冲的位置，以免受到伤害而不能更好地『有所为』。如果我们仔细思索就会发现，中国社会是有着这样的潜规则的。这个潜规则用民间的话讲就是『枪打出头鸟』、『出头的椽子先烂』。三国时期李康的《运命论》中对这种潜规则有句经典的解读：『木秀于林，风必摧之；堆出于岸，流必湍之；行高于人，众必非之。』中国社会的这种社会价值取向或许会成为我们今后发展的瓶颈，但是作为一个中国人必须要适应这种环境。老子正是深切地洞察到了这一点，所以才会把『强梁者不得其死』作为教人的首要道理。

老子在这一章中还揭示了一个深刻的矛盾，那就是人的本性和现实欲望的冲突。从人的本性来讲，每个人都希望不孤单、不寂寞、有亲情、有温暖，但是实际上每个人又有极大的私欲，所以统治者会把自己称为『寡人』、『余一人』等等，并企图万事万代，独享天下。老子看到了这个矛盾，提出用『和』来解决这个矛盾，这也许就是我们今天建设和谐社会的思想根源。

經典事例

『安史』之死

唐玄宗执政的天宝年间，安禄山趁朝廷内部空虚腐败，率领部将史思明等人发动叛乱，史称『安史之乱』。这场叛乱持续了八年之久，使得盛极一时的唐王朝开始衰落。然而叛乱并没有给作乱者带来好处，反而使他们的寿命缩短了很多，还留下了千古骂名。

安禄山原来就患有眼病，自从起兵以来，视力逐渐减退。他在洛阳称帝后不久，就双目失明了。因此，安禄山的性情变得非常暴躁，对身边侍从稍不满意，非打即骂。

手下人稍有过失，就处以极刑。他称帝之后，深居内宫，手下将领很少能直接与他议事，都是通过谋士严庄转达。严庄虽然很受器重，也经常遭到安禄山鞭挞。安禄山手下的宦官李猪儿经常为他穿衣解带，服侍起居，挨打最多，心中怨气也最大。被安禄山宠幸的段氏夫人，生下一子名叫庆恩，非常受安禄山宠爱，他常想以庆恩代替庆绪作为自己的接班人。安庆绪整日担心自己被废，严庄也害怕宫中事变对自己不利。于是，严庄与安庆绪、李猪儿经过商量，准备谋害安禄山。

一天夜里，三个人悄悄地来到安禄山的住所。侍卫见是谋士严庄和太子安庆绪，谁也不敢轻举妄动。于是严庄和安庆绪提着刀站在帐外，李猪儿手持大刀冲进帐中，对

安禄山反叛兵戈举

唐朝天宝十四年十一月，安禄山在范阳起兵，以讨杨国忠为名，发动叛乱，挟三镇兵力，直指东都洛阳，此为著名的安史之乱。

准床上的安禄山的腹部猛砍一刀。安禄山平时习惯把佩刀放在床头防身，事前已被李猪儿悄悄拿走，这时他被砍了一刀，知道大事不好，连忙去摸刀，可根本摸不着。就这样，安禄山死于非命。安庆绪当即在他的床下挖了一个深坑，用毡子裹着他的尸体，连夜埋在了坑里。并且告诫宫中严加保密。

第二天一早，严庄对部下宣布：安禄山病危，军政大事都由太子安庆绪掌管。安庆绪随即登基，尊安禄山为太上皇，然后便发丧。

安庆绪杀死安禄山称帝以后，又与史思明产生了矛盾。他想找机会除掉史思明。史思明围攻太原被唐将李光弼击退后，撤到范阳驻守，安庆绪封他为王，兼任范阳节度使。范阳本是安禄山的老巢，安禄山从长安和洛阳掠来的珍宝，多数都在这里存放，此时已堆积如山。渐渐地，史思明开始恃富而骄，想把范阳据为己有，不想再受安庆绪的节制。

后来，安庆绪失去了洛阳，逃往邺郡。到了邺郡以后，他又开始四处征兵，田承嗣、蔡希德、武令珣等将先后投奔，唯独史思明既不派援兵，也不派使者来，安庆绪怀疑他有二心，于是派了安守忠、李立节、阿史那承庆三人，带五千骑兵来到范阳，打着征兵的旗号，实际上是想察看情况，准备偷袭。

史思明听说这几位重臣同时前来，知道对方可能不怀好意，在营帐之外事先设好埋伏，然后亲自率领数万士兵迎接使者。他见到阿史那承庆和安守忠之后，立即下马施礼，十分殷勤。阿史那承庆等人见不好下手，只好随他进了范阳城。史思明将他们带进客厅，下令奏乐设宴，热情款待。大家正喝得高兴，史思明突然掷出一只酒杯，发出了信号，早已埋伏好的士兵一拥而入，将三人全部拿下，同时截住他们带来的队伍，分发些钱财，让他们回家。然后史思明就向唐朝奉上归降书。唐肃宗十分高兴，立即加封史思明为归义王，兼范阳节度使，他的七个儿子也都被授予显赫的官位。

史思明受封之后，马上杀了安守忠和李立节，以表明自己的诚意。可是朝廷害怕他再次叛变，于是派人秘密监视。过了不到半年，朝廷监视他的事被泄露了出去，史思明认为朝廷对自己不信任，于是再次叛变。同年，史思明杀死了安庆绪，并收编了他的部队，回到了范阳便号称大燕皇帝。

史思明击败了李光弼等人的讨伐后，乘胜攻打陕州，结果被唐军挡在姜子坂。史思明见出战不利，便决定退守永宁。他下令修筑三角城，以贮备军粮。他的儿子史朝义率军士苦干，城筑好以后，没来得及用泥涂抹外墙。史思明巡视到此，怒不可遏，把史朝义、骆悦等重将召到面前，想杀了他们以立军威。史朝义深知凶残的父亲完全不念父子之情，苦苦哀求说：『士兵太乏累，歇一歇马上就抹泥。』史思明怒斥道：『你因为爱惜属下，就敢违抗我的命令吗！』然后亲自监督士兵们抹泥。临走的时候，史思明还冲着史朝义大骂：『等我打下陕州，一定要杀了你！』

史朝义大惊失色。骆悦等人力劝史朝义先下手杀了史思明。史朝义思考再三，点头表示同意。

当天夜里，史思明睡在营中，他的亲信曹将军负责守卫。史朝义等人对他说明行事目的，曹将军也不敢违抗。于是史朝义命骆悦等人进入营中杀了史思明。一个动不动就要拿手下人开刀的叛将就这样被自己的儿子和部下杀死了。

安禄山和史思明之死都是由于他们过于残暴。正所谓『强梁者不得其死』，二人都被自己的亲生儿子所害。这样的历史教训，值得我们引以为戒。

第四十三章

题解 本章主要体现了老子“柔之胜刚，弱之胜强”的重要思想，柔弱、不言、无为的思想贯穿《道德经》始终。老子认为，柔弱的东西之中蕴含着惊人的能量，譬如“绳锯木断，水滴石穿”的道理。柔弱只是表征，那么如何能发挥柔弱的能量呢？老子认为要用“无为”的方式。

很多人认为老子的“无为”是一种消极处事的态度，其实老子提出的“无为”正是为了“无不为”，实际上还是一种“有为”。懂得老子的“无为”是为了“有所为”，这样我们才能真正体会老子的思想。“不言之教，无为之益”，实际上是一种精神境界，只有达到这种境界的人，对此才能发出会心一笑。

原文 **天下之至柔①，驰骋天下之至坚②。**〇河上公《老子章句》：至柔者，水也。至坚者，金石也。水能贯坚入刚，无所不通。〇王弼《道德真经注》：气无所不入，水无所不出于经。**无有入无间③，吾是以知无为之有益④。**〇河上公《老子章句》：无有谓道也。道无形质，故能出入无间，通神明济群生也。吾见道无为而万物自化成，是以知无为之有益于人也。〇王弼《道德真经注》：虚无柔弱，无所不通，无有不可穷，至柔不可折，以此推之，故知无为之有益也。**不言之教⑤，无为之益，天下希及之。**〇河上公《老子章句》：法道不言，师之以身。法道无为，治身则有益于精神，治国则有益于万民，不劳烦也。天下，人主也。希能有及道无为之治身治国也。〇陈致虚《道德经转语偈》：炼气凝神入至圣，紫阳留下悟真篇。元来三教同门户，先要参皮可漏禅。

注释 ①天下之至柔：天下最柔软的东西。②驰骋天下之至坚：在天下最坚硬的东西中自由地穿来穿去。③无有入无间：没有形状的力量能穿透没有间隙的东西。无有，指没有形象的东西。无间，没有间隙。④吾是以知无为之有益：我因此知道了『无为』是有好处的。是以，即『以是』，因为这个、由于这个。无为之有益，『无为』的好处。⑤不言之教：不说出来、不发号训诫的教导。这与『无为』是同一个意思。

译文 天底下最柔弱的东西，能够征服天下最坚硬的东西。无形的道可以在没有间隙的东西中自由穿梭。我因此明白了『无为』是有好处的。无声的教诲、『无为』的好处，天下很少有人能够认识到和做到。

读解心得 《道德经》中始终认为，柔能胜刚，弱能胜强，所以我们为人处世应该采取『以柔克刚』的策略。

看起来很柔弱的东西，其内部也存在着巨大的生命力。我们都听说过『种子的力』的故事。看起来微不足道的种子在萌发的时候产生的力可以把头盖骨完美地分开，要知道这是用很多现代化的工具也无法完成的任务。

中国古代还有很多韬晦的策略，实际上都是『以柔克刚』思想的完美演绎。韬，意思就是把才华隐藏起来；晦的意思就是不让人知道自己的踪迹。韬晦就是指隐藏才能，不使外露。无论是春秋时期的勾践，还是三国时期刘备；无论是名将韩信的忍『胯下之辱』，还是谋臣张良给素不相识的黄石公穿鞋，他们在未获得成功之前都运用了韬晦的智慧，通过这种策略取得了自己人生的成功。

真正的刚强不是外表的勇猛而是内心的一种坚守，真正的稳定不是外表的执着而是内心的一种坚忍，真正的力量不是外表的炽烈而是内心的一种温暖。

在老子看来，天下最柔弱的事物能够驾驭天下最刚强的事物。由此可知，『无为』能够战胜『有为』；无心能够战胜有心。老子的无为并不是真的无所作为，而是另一种隐藏得很深的有所为；老子的无心并不是没有心机，而是有一种潜意识中的心机。认识到这一点我们才能够真正体会到老子所说的『不言之教，无为之益』的内涵。

經典事例

勾践尝便

吴王夫差为父报仇击败了越王勾践之后，勾践为了保全性命，由他的大夫文种买通了吴王的身边的大臣伯嚭，以割地、献宝、进献美女等条件向吴王投降。

在利益的驱使之下，夫差同意了越国投降，但他仍然把勾践夫妻作为俘虏押到吴国。

勾践夫妇被押到吴国的都城之后，被软禁在一间石室之中。夫差让他们干最脏最累的活。

越王勾践

勾践任用范蠡、文种等人，改革内政，休养生息。后利用夫差北上争霸、国内空虚之机，一举攻入吴国并杀死了吴太子。勾践二十四年，吴都被围三年后城破，夫差自杀，吴亡。

王允

王允使用美人计，利用貂蝉使吕布和董卓反目，最终刺杀了董卓。而在勾践灭吴中美人计再次被运用，整个事件中西施起到了重要的作用。

勾践每天从早到晚地干活，弄得蓬头垢面，但没有一丝怨言，好像忘记了屈辱，已经甘心为奴了。夫差还时常派人去察访。察访的人回来向夫差报告说，勾践夫妇的生活非常艰苦，但劳动却很勤快，从来不偷懒，并没有什么不轨的举动。夫差每次出门时，都让勾践为他牵马。到了大街上，侍从还要高声大喊：『快来看，现在站在大家面前的就是越王勾践，他现在已经沦为我们大王的马夫了。』于是街上的人纷纷上前，对勾践又是推搡又是辱骂。尽管勾践受尽了屈辱，但并没有什么异常的表现，好像已麻木不仁了。

时间一长，夫差以为勾践已经彻底失去了志向，对他的管束也越来越松懈了。

就这样过了三年，勾践由原来那个养尊处优的国君变成了一个吃苦耐劳的劳动者。一次，夫差因受风寒染上了病，久治不愈，整天在宫中调养。勾践知道此事后，带着焦急的神情进宫探望。他一进门，正赶上夫差在大便，为了避免尴尬，夫差赶紧钻进被窝里。勾践走上前去，打开马桶盖子，先是观察了一下粪便的颜色，然后探出头去闻粪便的气味，最后竟然抓起粪便放在自己的嘴里尝一下。然后他对夫差说：『恭喜大王，您的病已无大碍，很快就会好的。』

夫差被他异常的举动弄糊涂了，连忙问勾践：『你是怎么知道的呢？』

勾践回答说：『我观察大王的粪便是黑色的，闻了以后感到有奇臭，尝了一下却发现带有一丝苦味，说明大王体内的毒物已经通过粪便排出来了。毒物已经排出，大王的病自然也就没有大碍了。』

夫差听了这话很高兴，说：『难得你这样真心。』勾践郑重其事地回答说：『儿子为父亲尝便的例子，古代就已经有了；臣子为君王尝便，就从我开始吧。』

夫差听了非常感动，说：『等我病好以后，就放你回国。』没过几天，夫差的病果然好了。他履行了自己许下的诺言，把勾践夫妇放回了越国。

回国之后，勾践卧薪尝胆，十年生聚，十年教训，使越国慢慢地恢复了元气。后来经过多次战斗，他终于打败了吴国，并且一度称霸诸侯。

勾践在吴国为奴三年，可以说受尽了屈辱与磨难，尤其是为夫差尝便，更是使人格受到了极大的侮辱。但正是由于他表面上的『屈服』，才换来了夫差对他的信任，最后转败为胜，一雪前耻，正可以印证『天下之至柔，驰骋天下之至坚』的道理。

千金买马头

战国时期，燕王郐因受到奸臣的左右，致使国力衰落，后来被齐国打败。燕国军民纷纷反抗，终于击退了齐军，

汉文帝却千里马

千里马是良马，可是汉文帝认为千里马不是皇帝适宜用的，所以拒绝接受。一时无人再有以珠玉宝石、珍禽异兽作为进献。

拥立燕王郃的儿子继承了王位，就是燕昭王。

燕昭王为了壮大自己的力量，决定招募一些人才为自己出谋划策，于是找来了大臣郭隗，对他说：『我希望找一些有真才实学的人来辅佐我。您认为应该到哪里能找这样的人呢？』郭隗没有直接回答，而是说：『大王，请让我先讲一个故事吧。据说从前有一个国君，他非常爱马，于是就贴出告示，表示愿意出一千两黄金来买千里马，可是过了三年也没买到，国君非常着急。这时有个大臣自告奋勇要出去寻找，国君答应了，就把一千两黄金交给了他。这位大臣找了三个月，才找到了一匹真正的千里马，可惜马已经死了。他便把马的头颅割了下来，给了马的主人五百两黄金买下马头。当他把马头献给国君时，国君非常气愤：「我要活的千里马，你给我买个马头有什么用？」大臣不慌不忙地说：「这件事一旦传出去，别人看您肯花五百两金子买死马的头，肯定会主动把活的千里马送上门来的。」果然，不出一年，就有人主动送来了三四千里马。』

郭隗接着说：『如果大王真想寻找有才能的人，不妨把我当成那个马头，就先从重用我开始吧。』燕昭王依计重用了郭隗，后来果然许多有才能的人都主动来到燕国帮助昭王，燕国很快就得到了复兴。

这个故事表明，身教重于言传，为政者只有对自己的政令亲自践行，才会获得『不言之教，无为之益』，实现其统治目的。

第四十四章

题解 这一章主要谈名利与自身的关系。在老子看来，人们追求的声名、财货这类东西始终是身外之物，和生命相比，它们的价值就会大打折扣。人们不能过分地追求名利，要懂得适可而止，这样才能长久。若是执著于声色犬马的享受，那只能自取灭亡。老子实际上不是宣扬不要追求名利，不「爱」，不「藏」，而是告诫我们可以「爱」，但不能「甚」；可以「藏」，但不能「多」，最重要的是我们要把握好这个「度」。这再次体现了中庸之道的内涵。

原文 **名与身孰亲①？身与货孰多②？得与亡孰病③？**〇王夫之《老子衍》：然而以「身」捷得其眚而受其「名」，则不如无居之为愈也。故谓之善爱「名」而善居「货」，善袭「得」而善遣「亡」。「得」之于「身」，听然以消阴阳之沴；得之于天下，泮然以毙虎兕之威。**是故甚爱必大费④，多藏必厚亡⑤。**〇河上公《老子章句》：甚爱色，费精神。甚爱财，遇祸患。所爱者少，所亡者多，故言大费。生多藏于府库，死多藏于丘墓。生有攻劫之忧，死有掘冢探柩之患。〇王弼《道德真经注》：甚爱不与物通，多藏不与物散，求之者多，攻之者众，为物所病，故大费厚亡也。**知足不辱，知止不殆⑥，可以长久。**〇王夫之《老子衍》：薛君采曰：乐今有之已多、无求翼辱？惧后益之有损，知几奚殆。所谓至人者，岂果其距物以孤处哉？而坐视其变，知我之终无如物何，而物亦终无如我何也。故「辱」有自来，而「辱」或无自来；『殆』有自召，而『殆』或不召而至。

注释 ①名与身孰亲：名，声名、荣誉。身，身体、生命。亲，亲切。②身与货孰多：货，指财货、财产。多，指尊重、重视，在此相当于『重』。③得与亡孰病：得，指获得名誉、财产。亡，指失去生命。病，指有害。④甚爱必大费：即过分的爱惜必定招致更大的破费。甚爱，过分喜爱虚名，一说爱指怜惜、爱惜。大费，很大的破费、

武则天

武则天，名曌，中国历史上唯一的女皇帝。祖籍并州文水县，本名武明，十四岁入后宫为才人，唐太宗赐名媚，人称『武媚娘』。

八骏巡游

周穆王耽于游幸，传说驾着八骏巡游各地，最远到达了西方天山。他的昏庸导致了朝政的松弛。日后周朝国政日衰，实从周穆王而起。

耗费。⑤多藏必厚亡：丰富的贮藏必定会招致惨重的损失。厚，形容损失的多和重。

⑥知止不殆：止，适可而止。殆，危险。

譯文 声名与生命哪一个与我们更亲近？生命与财产对我们来说哪一个更为重要？获得名利与失去生命哪一个更有害？所以说，过分爱惜必然带来更大的浪费，过多持有必然导致沉重的损失。懂得知足常乐的道理就不会受到屈辱，懂得适可而止的道理就不遇到危险，明白这些道理才能长久。

讀解心得 现在西方流行的后现代主义思潮实际上是对『现代性』的一种解构，而老子的思想无疑也是对他所生活的那个时代传统观念的一种颠覆。海德格尔很推崇老子，由此我们可以看到道家思想和后现代主义思潮的渊源。

在现代社会中，很多人都在追求声名、财富之类的东西，但是有很多人在追求这些东西的过程中迷失了自我。如果他们仔细想想，就会发现他们似乎已经失去了生命之中最宝贵的东西。名和利这些东西其实和生命本真相去甚远，但有些人为了名利奋不顾身，最后只能落得个身败名裂的下场。很多人为名所累，为了保持自己的某种形象去做一些情非得已的事情，所以追逐名利的过程实际上也是很无奈的。老子在这里对生命进行了一系列的叩问：『名与身孰亲？身与货孰多？得与亡孰病？』这些都值得我们思索。

生活的经验已经告诉我们，如果我们过分地爱护某种事物，这种事物往往更加难以把持住。这就像是手里握着沙，你握得越紧，沙子流失得就会越快。所以有时候懂得适可而止、知足常乐的道理也是一种健康的人生态度。

老子认为，人生于天地之间，最重要的是把持住自身，贵生重己。

春秋时代的范蠡明白『飞鸟尽，良弓藏；狡兔死，走狗烹』的道理，因此才能全身而退，保全性命，做他的陶朱公，过幸福的生活；而他的同僚文种就不懂得这样的道理，他自以为为了勾践打下江山，建立了丰功伟业，勾践就算不会嘉奖他，总也不至于害他，可最后却落得个拔剑自刎的下场。

文种也算是个成功的军事家，但他最终没能拥有完满的人生，当文种未能听从范蠡的劝告，以碗食粪被勾践赐剑自杀的时候，心情如何呢？是追悔莫及？是死而无怨？是大彻大悟？这些故事也许对普通人没有什么借鉴意义，但是这一类的历史故事真的值得我们深深地思考。

实际上人存在于社会当中，经常会遇到不公平的现象，很多人会突然不适应。面对那么多的诱惑，面对那么多的选择，我们该如何是好？是迷茫彷徨？是不知所措？解决这些问题最重要的是要保持自己内心的平衡和安适。如何能够保持这份平衡与安适呢？那就要做到老子所说的『知足，知止』了。

經典事例

人心不足蛇吞象

相传宋仁宗年间，有个叫王妄的人，靠卖草为生。他的母亲年事已高，体弱多病，不能干活，因此日子过得很苦。有一天，王妄照例到山上拔草，正拔着，他突然发现草丛中有一条七寸多长的花斑蛇，遍体鳞伤，动弹不得。王妄看到这里，动了怜悯之心，小心翼翼地把蛇带回了家，为它冲洗涂药，不一会儿，蛇便苏醒过来了，还冲着王妄点了点头，以表达它对王妄的感激之情。母子俩非常高兴，连忙为蛇编了一个小荆篓，小心地把它放了进去。从此以后，母子俩精心护理，蛇身上的伤逐渐愈合，蛇长得也越来越大了，而且总是像要跟他们说话似的，非常可爱，这也给母子俩单调的生活中平添了一些小小的乐趣。

过了一段时间，王妄又照常打草，母亲照样看家，小蛇整天待在篓里。有一天小蛇觉得待在屋子里很无聊，就爬到院子里晒太阳，结果它被阳光一照，迅速变得又粗又长，像根大梁一般，王妄的母亲看见了这情形惊叫一声便昏死过去。等王妄打草回来，蛇又回到屋里，恢复了原形，焦急地对王妄说：『我今天失礼了，把母亲吓得昏死过去了。不过你别怕，你赶紧从我身上取下三块小皮，再找些野草，一起放在锅里熬成汤，让你娘喝下去马上就会好。』王妄坚决反对：『不行，那样会伤害到你的身体，还是想一想别的办法吧！』花斑蛇说：『没关系，你动作快点，我能挺得住。』王妄只好忍痛照办了。母亲喝下汤之后，很快就苏醒了过来。母子俩既感激又奇怪，觉得这条花斑蛇非同一般。

再说宋仁宗，他在宫里的生活日复一日，觉得很厌烦，想要得到一颗夜明珠来玩玩，于是就下令张贴告示：谁能献上一颗夜明珠，就可以封官受赏。

这件事传到了王安的耳朵里，他回家对花斑蛇一说，蛇沉思了片刻说：『这几年你待我很好，而且又有救命之恩，我一直想报答，可总是没有机会，现在终于能为你做点事了。其实，我的双眼就是两颗夜明珠，你只要把我的一只眼睛挖出来，献给皇上，就可以得到高官厚禄，老母亲也就可以安度晚年了。』王安听了之后非常高兴，可他和蛇毕竟有了感情，不忍心下手，于是对蛇说：『我要是那样做，就太残忍了，你会疼得受不了的。』蛇说：『不要紧，我挺得住。』于是，王安就挖出了蛇的一只眼睛。

第二天，他起身赶奔京城，在朝堂之上把夜明珠献给了皇帝。满朝文武从来没有见过如此奇异的宝珠，都赞不绝口。到了夜里，宝珠发出神奇的光彩，把整个宫殿照得通亮。皇帝十分高兴，封王安做了高官，并赏给他很多财宝。

西宫娘娘见了宝珠之后，也想得到一颗，没办法，宋仁宗又一次下令寻找宝珠，还说把丞相的位置留给献宝的人。王安心想，要是我把蛇的另一只眼睛献给皇上，那丞相的位置不就是我的了吗？于是他到仁宗面前说自己还能找到一颗宝珠，皇上听了非常高兴，就把丞相之职给了他。命他尽快献上第二颗宝珠。

王安手下的卫士去取蛇的第二只眼睛时，花斑蛇无论如何也不给，非要见王安不可，王安得到报告，只好亲自来见蛇。

花斑蛇见了王安之后，直言劝告：『我为了报答你的恩情，已经献出一只眼睛，你也因此升官发财。你就不要再盘算我的第二只眼睛了。人千万不可贪心。』可是王妄已经官迷心窍，根本听不进去，竟然无耻地说：『我是想当丞相啊！你不给我眼睛，我怎么能当上呢？再说，我已经跟皇上说了这件事，官位也已经给了我，你不给，我就没法收场，你就成全我吧！』他执意要取蛇的第二只眼睛，蛇见他如此贪心残忍，气愤至极，就说：『那好，你取刀子去吧！不过，你得把我放到院子里再去取刀。』王妄早已迫不及待，就一口答应下来，把蛇放到了被阳光照射的院子里，转身就回屋取刀子。等他拿着刀出来准备挖蛇眼时，蛇的身体已经变成了大梁一般长大，张着大口冲他扑来，王妄吓得魂飞魄散，想跑已经来不及，大蛇一口就吞下了这个贪得无厌的人。

『丞相被蛇吞了』的消息一时间传遍了全国。由于社会上不少人都很贪心，所以人们就用这故事编了一句俗话『人心不足蛇吞相』。后来被人们误传为『人心不足蛇吞象』，以此来形容人心的贪婪，一直流传至今。

老子说『知足不辱，知止不殆，可以长久』，那么反过来就是说一个人如果永不知足，不懂得适可而止的道理，那么必然不会长久。王妄的故事虽然只是民间传说，但对于物欲横流的当今世界来讲，仍然具有很强的现实意义。

第四十五章

题解 本章与四十一章的论证方法很相近，又是充分表现老子辩证思想的章节。缺、冲、屈、拙、讷这些形容词在一般人看来可能是负面的，但实际上这些在老子看来恰恰是一种人生智慧。看起来是『不足』的东西，实际上是『有余』。本章最后提出，清静无为才是真正的历史潮流。

原文 **大成若缺，其用不弊。**〇王弼《道德真经注》：随物而成，不为一象，故若缺也。**大盈若冲，其用不穷。**〇王弼《道德真经注》：大盈冲足，随物而与，无所爱矜，故若冲也。**大直若屈，大巧若拙，大辩若讷。**〇唐玄宗《御注道德真经》：直而不肆，故若屈。巧不伤于分外，故若拙。不饰小说，故若讷。**躁胜寒，静胜热。清静为天下正。**〇陈致虚《道德经转语偈》：大成若缺直而屈，唯好观光于上国。有时做个大闲人，清静之中无一物。

譯文 最完美的东西，就好像有残缺一样，但它的作用永远不会衰竭。最充实的东西，就好像空虚一样，但是它的作用是无穷无尽的。最正直的东西，就好像有弯曲一样；最灵巧的东西，就好像很笨拙似的；最卓越的辩才，看起来好像很木讷似的。清静能克服躁动，寒冷能克服暑热。清静无为万事万物自然能够和谐地发展下去。

讀解心得 老子在这里说『大成若缺』，实际上是想说『缺陷也是一种美』这个道理，这个道理已经被历史上无数的艺术品所证实。其中最有名的恐怕就要算是『断臂

清静为天下正

清静无为乃道之上境界也。

列子御风

好风凭借力，送我上青云。呆若木鸡，非真呆也，乃表象而。只有关键时刻方知其智。

的维纳斯』了。其实这件艺术珍品除了曲线优美、姿态婀娜以外最令人惊奇的就是那双断臂。虽然已经残缺，但那雕刻得栩栩如生的身躯，仍然使这座雕像给人以浑然完美之感，以至于后世的雕刻家们在竞相创作复原双臂的复制品以后，都只能徒然生出画蛇添足之感。这残缺的断臂似乎更能诱发出人们的美好想象，增强了人们的欣赏趣味。虽然后世对『断臂维纳斯』的原貌有着种种猜测，有些学者对『维纳斯』断臂的原因也进行了深入地考证，但是不得不承认的是，如果不是拥有一双断臂，恐怕世人不会为它发出如此的惊叹。

『缺陷』符合人们的一些日常心理，俗话说『金无足赤，人无完人』，一种事物如果达到『完美』那么它也就『尽』了，这时候不完美恰恰能够给人以无限的想象空间，带给人无限的美感。欣赏艺术品的道理如此，为人处世也是这样。有的时候不把事情做尽会获得意想不到的良好效果。

再有一点，很多时候我们还可以把缺点转化为特点。有很多著名的京剧演员其自身的条件有着这样或那样的缺陷，但是他们努力把自身缺陷变成了特点。例如马连良是大舌头，谭富英被戏说为『开鸡鸭鹅行』（指其演唱喜耍下巴颏），周信芳则是一个沙哑嗓……

之所以会出现『大直若屈，大巧若拙，大辩若讷』的情况，实际上是因为真正的智者掌握了『大道』后无论是为人处世还是治理国家都能合于『道』，而『道』本身是非常质朴的。在得『道』人的眼中是没有直和屈，巧和拙，辩和讷的区别的，但是做事合于道的人一定有着『大直』、『大巧』、『大辩』，虽然普通人看起来他们好像是委屈的，是笨拙的，是木讷的。

做人太张扬会遭受到很多意想不到的打击，怪不得现在社会上会流行『做人要低调』的说法，这正符合老子『清净为天下正』的观点。做人不仅仅要表现出一种激情、一种斗志，更要表现出一种坚忍、一种冷静。这样才是真正的大智慧的表现。老庄哲学强调人要懂得『养生』，意思就是说有智慧的人首先要保全好自己，其次才可能谈及发挥自己的长处更好地有所为。『养生』的第一条就是要『清净』，清净实际上不一定要归隐山林，更重要的是一种清心寡欲。所谓『小隐隐于野，大隐隐于市』，真正能达到『清净』状态的人，即使是在喧哗的闹市也能够保持内心的一份宁静。

經典事例

呆若木鸡

《庄子·达生》中有一则纪渻子养斗鸡的故事。

周宣王命纪渻子为他驯养斗鸡。过了十天，周宣王问道：『斗鸡驯养好了吗？』纪渻子回答：『现在不行，这些鸡还很骄傲，它们自大得不得了。』

十天之后，周宣王又问，纪渻子回答说：『还是不行，它们现在只要听见响声就啼叫，一看见人影就跳跃。』又过了十天，周宣王又来询问，纪渻子回答说：『这些鸡还是那么目光犀利，盛气凌人。』这样又过了十天，周宣王已经不抱希望了，没想到纪渻子前来报告说：『现在差不多了。别的斗鸡即使打鸣，我驯养的鸡也已经不会再有什么变化了，看上去就好像用木头雕的鸡一样，它的精神可以说是完备了，别的鸡都不敢于应战，只有落荒而逃。』

这就是『呆若木鸡』的出处。

在庄子看来，呆若木鸡并不是真的呆，只是表面上看着呆。那些活蹦乱跳、显露锋芒的斗鸡，并不是最厉害的。这样的鸡还需要经过不断磨练，将自身的浮躁和妄动收敛起来，把外现的力量凝聚于内。这样的鸡虽然看似呆笨，可是那些存心挑衅、盛气凌人的斗鸡，一旦遇到一动不动而内蕴真气的『木鸡』时，却根本无法对其发起攻击，因此对方还没有出手，自己就被吓破胆了。

由此可见，庄子的这则寓言，与老子所说的『大直若屈，大巧若拙，大辩若讷』有着相同的思想内涵。

第四十六章

【题解】先秦诸子对『天下有道』和『天下无道』有过很多论述，但是老子在这里从战争的角度来界定有道之世和无道之世。老子仍然不直接描述战争的残酷，而是用战马的处境来间接表达自己的观点。最后文章强调『知足』的概念并且指出：懂得知足的富足，才是长久的富足。这种观点对于春秋时代贪得无厌的的统治者来说，无疑是一种劝诫或者说是一种抗议。

【原文】**天下有道，却走马以粪。**〇王弼《道德真经注》：天下有道，知足知止，无求于外，各修其内而已，故却走马以治田粪也。**天下无道，戎马生于郊。**〇王弼《道德真经注》：贪欲无厌，不修其内，各求于外，故戎马生于郊也。**罪莫大于可欲；**〇河上公《老子章句》：好淫色也。**祸莫大于不知足；**〇王夫之《老子衍》：祸发于方寸，福隐于无名。一机之动如蚁穿，而万杀之争如河决。故有道者，不为福先，而天下无祸。岂强窒之哉？明于阴阳之亢害，而乐游于大同之圃，安能以已之已知，犯物之必害者乎？**咎莫大于欲得。**〇河上公《老子章句》：欲得人物，利且贪也。**故知足之足，常足矣。**〇陈致虚《道德经转语偈》：天下有道马不走，天下无道物不夭。过犹不及岂忘言，到此一了一切了。唐玄宗《御注道德真经》：物足者，非知足。心足者，乃知足。心若知足，此足则常足矣。

【译文】当天下有道的时候，国家就把战马都归还给老百姓以便用来耕种。而当天下无道的时候，怀胎的母马只能够在战场上生育小马驹。天下没有比贪得无厌更大的罪过了。世间也没有比不知足更大的灾祸了。世界上没有比想要得到更大的错误了。所以，能够懂得知足常乐的道理，那样才是最长久的富足。

讀解心得 先秦诸子对战争基本都持反感态度，从老子的『天下无道』到墨子的『兼爱非攻』都是这样。

春秋战国时代的诸侯争霸造成了战火纷飞、生灵涂炭的局面，统治者的贪得无厌使平民百姓经历了巨大的灾祸，田园荒芜，无家可归……老子把这种情况描述成：『天下无道，戎马生于郊』。实际上我们可以看到，『天下无道』的根本原因是统治者的贪欲过强。这样便可以推导出老子的结论：『罪莫大于可欲；祸莫大于不知足；咎莫大于欲得。』

不仅仅是在古代，在人类的欲望空前膨胀的现代社会也是如此。人类对环境的贪得无厌已经引发了自然的报复，从臭氧层空洞到酸雨，从水资源的枯竭到白色污染、垃圾污染……

我们应该正视这些问题，如果过度地开发和利用我们的生存资源，只能够将人类推向灾难与毁灭的深渊。此时此刻，我们能够发现老庄哲学思想闪烁着的智慧光芒，没有节制的开发利用自然资源，人类也就断绝了自己的生存希望。

老子在这几章中反复强调要『知足』，但是究竟怎样才能知足，这还是个很棘手的问题。因为大千世界，芸芸众生，每个人的人生际遇不同，每个人的人生理想不同，很难做出一个统一的界定，一个人到了什么程度应该『知足』呢？也许这也是道家思想虽然对中华文化产生了重大影响但是没有和儒家思想一同作为官方意识形态的一个原因。

儒家思想给出了一个很明确的道德规范，它告诉人们应该怎么做；而道家思想却没有具体的界定，『道』、『知足』、『无为』这些概念也没有一个明确的内涵。但是道家思想的价值正在于此，它指出人世间好多问题的根源就是人的贪欲，所以『知足之足，常足矣』。

知足，可以使人们在内心中重建一种平衡。

一方面，知足可以使人们少一些『求而不得』的焦虑心态。老子的『知足』并不是要求人们没有欲望，『知足』比那些所谓的禁欲主义多了一些人情味。『知足』实际上是一种不为物所累的积极处事态度，人的本性中就有对外部世界的无限欲望，但是人有理性，应该对欲望加以控制。如果能够控制好自己的欲望，做到知足，那么就可以常乐了。

沧海横流，方显出英雄本色。在这个物欲横流的时代，只有保持住自己的一份真心，保持住自己内心的一份纯净，勇于进取，善于知足，才能始终立于不败之地。

经典事例

暴虐亡国

孙皓是三国时代吴国的最后一位君主，他刚即位时，下令抚恤百姓，又多次开仓赈贫、放还宫女和放生宫中多余的珍禽异兽，一时间被人们誉为明主。但是，孙皓很快就变得粗暴骄横起来了，他转而以暴虐之道来治理国家，又非常贪恋酒色，从而使民心丧失殆尽。

东吴名将陆逊的后代陆抗，智勇双全，年轻时就被任命为建武校尉。孙皓登基之后，

项羽

西楚霸王项羽以『勇战』闻名，他在江东崛起，举兵反秦。三年征伐九州，一统天下。然其不知足，分裂天下，册封十八诸侯，权同皇帝。终为刘邦所败。

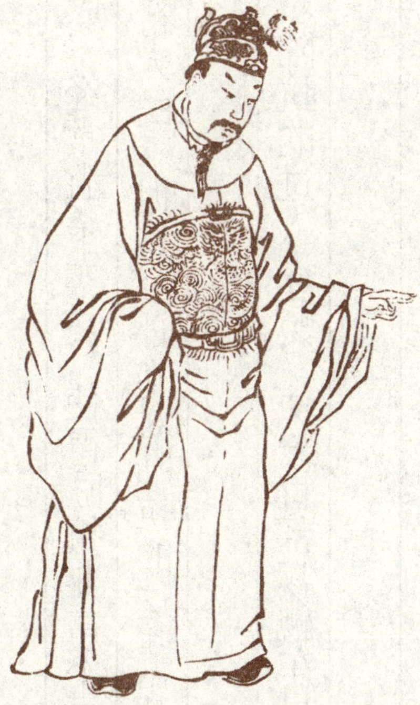

孙皓

孙皓，字元宗，中国三国时代东吴的第四代君主，也是东吴的最后一位皇帝。孙皓后期变得粗暴骄盈、暴虐治国，又好酒色，从而民心丧尽，最终因暴虐而亡国。

三十八岁的陆抗就升任为镇军大将军。

东吴后期朝政日益腐败，再加上孙皓荒淫暴虐，经常滥杀无辜，使得陆抗非常不满。他曾多次上疏劝谏，希望孙皓能勤理朝纲，善待人民。但是，孙皓对陆抗的这些忠告不以为然，置之不理。

尽管在当时东吴的内政混乱不堪，但是凭借着陆抗的过人谋略，使一直都觊觎东吴，意欲南下统一中国的晋朝，也没有任何办法。

当时，羊祜是晋朝的车骑将军，负责镇守襄阳。他见陆抗用兵有方，知道要马上打败东吴不是很容易，于是就改变了对东吴的敌对策略。他下令将战争中抢来的东吴孩子全部放回；晋军经过东吴时，抢收了东吴百姓所种的庄稼，就送给东吴绢帛作为补偿；他还将晋军捕获的被吴人打伤的禽兽转送回东吴。陆抗也看出了羊祜的用意，于是也用同样的方式对待晋方。在边境，双方还经常派使者往来，以表示友好。就这样，当时吴、晋一部分边境竟然出现了和平的局面。

孙皓得知了边境的情况之后，很不高兴，并派人前去责问陆抗。陆抗回话说：『小小的一乡一县尚且不能没有信义，更何况是一个大国！如果我不采取这种政策，反而会彰显出羊祜的威德。』孙皓听了以后，觉得有道理，就没有再说什么。但是他还想出兵伐晋统一中国，于是他频频调兵。陆抗知道了以后，又向孙皓上疏：『现在，朝廷应该重视农业生产，多储备粮食，以增强国力；应该让有才能的人充分发挥作用，使各级官吏忠于职守；要赏罚严明以鼓励百官；慎重实施刑罚以戒国人。如果不这样做，而去图虚名重形式，时时用兵，好战不止，不但耗费的资财不可胜数，士兵们也会疲惫不堪。这样下去，敌寇没有被削弱，反而使我们自己受累而被拖垮。』陆抗还多次告诫，应当停止用兵，暗中积蓄力量，以待时机。

但是孙皓对陆抗的建议置若罔闻，以至于东吴国力日渐衰退。陆抗死后，晋军便乘机南下，讨伐东吴。而早已被孙皓拖垮的吴国毫无反抗之力，最终为晋军所灭，孙皓本人也被擒拿，成了晋武帝的俘虏。

『天下有道，却走马以粪。天下无道，戎马生于郊』，正可以说明孙皓执政时期东吴的状况：最初，孙皓以仁治理国家，百姓们得以安居乐业；后来，他暴虐的本性逐渐显露出来，使得民心大丧，国力日衰。在有『道』与无『道』之间，孙皓站错了位置，因此才得了个国破家亡，自己沦为阶下囚的可悲下场。